알기 쉬운
조상신의 세계

> 저자와
> 협의하여
> 인지 생략

알기쉬운 조상신의 세계

지은이 | 김 문 순
펴낸이 | 一庚 張少任
펴낸곳 | 돌쇠답게

초판 발행 | 2007년 8월 30일
초판 2쇄 | 2012년 4월 20일

등 록 | 1990년 2월 28일, 제 21-140호
주 소 | 143-838 서울시 광진구 군자동 469-10호(2F)
전 화 | (편집) 02)462-0464 · 463-0464
       (영업) 02)469-0464 · 498-0464
팩 스 | 02) 498-0463
홈페이지 | www.dapgae.co.kr
e-mail | dapgae@korea.com · dapgae@gmail.com

ISBN 978-89-7574-223-1

ⓒ 2007, 김문순

나답게 · 우리답게 · 책답게

* 책값은 뒤표지에 있습니다.
* 잘못 만들어진 책은 구입하신 서점에서 교환해 드립니다.

알·기·쉬·운 조상神의 세계

김문순 | 지음

도서출판 답게

들·어·가·며

　21세기 최첨단 기술과 과학이 지배하는 이 시대를 살아가는 만물의 영장이라는 인간의 삶은 실제로 누가 지배를 하는가? 인간 마음대로 살고 있거나 아니면 눈에 안 보이는 어떤 운명의 힘에 의해서 이끌어지고 있다고 본다. 자신만 믿고 자기 식대로 산다고 하는 사람들도 사고나 횡액, 급병에 의한 사망에는 속수무책이다.

　과거와 현재와 미래의 인간 삶 중에서도 '현재'의 삶은 모두 죽은 조상의 음덕이나 이끌림에 의해서 잘살기도 하고 못살기도 한다는 게 나의 신념이다. 어떻게 하면 자신의 조상 덕분에 이 땅에 태어나게 된 우리 인간의 삶이 더 잘살 수가 있고 더 부유하고 더 멋있고 남들보다 더 나은 삶이 되어질 수 있을까? 욕망이나 욕심 등은 모두가 자신들의 조상신에 의해서 이끌어지고 다듬어진다.

　새해가 되면 수많은 사람들이 올해의 운수는 어떤가? 하는 호기심이나 궁금증에 점집을 찾거나 하다못해 인터넷상의 사이버 점마당이라도 찾는다. 과학이 아무리 만연해도 인간 삶의 미래는 알 수가 없다. 인간 맘의 나약함이 '신(神)'이란 이름으로 채색된 곳을 찾게 한다.

신기가 있는 사람, 점집을 기웃거리면 신이 당장 오셨다는 사람, 꿈이 너무 잘 맞아 무서운 사람, 무당이 되어 떼돈을 벌어보자는 영악한 목적이 있는 사람, 세상살이가 다 귀찮아 성직자나 스님이나 보살이 되고자 하는 사람들, 성인의 길을 따라 그분들을 닮고 싶은 분들, 이 세상을 떠나고 싶은 모든 이들에게 꼭 한번 이 책을 읽고 당신들의 갈 길을 정해도 늦지 않다는 것을 알려주고 싶다. 어떻게 하면 어차피 태어난 인생을 잘살다가 갈 수 있을까? 하는 궁금증을 풀어주고자 이 글을 쓴다.

　인간 삶은 연습이 없는 본게임이다. 개개인의 삶은 연습을 하기에는 너무나 짧고 너무나도 귀중한 삶이기 때문이다.

2007년 8월

조상신연구가 김 문 순

차·례

들어가며 ·· 4

제1부

01 조상신은 누구인가? ·· 12
02 조상을 잘 모셔야 되는 이유는? ·· 14
03 왜 노력만으로는 잘살지 못할까? ·· 16
04 왜 세월이 가도 형편이 나아지지 않는 걸까? ·· 18
05 왜 내 자식만 잘 안되는 걸까? ·· 20
06 왜 부부지간에 불화가 끊이지 않나? ·· 22
07 이혼도 조상신 탓인가? ·· 24
08 조상신이 선택해 주는 인연은? ·· 26
09 왜 사업은 실패의 연속일까? ·· 28
10 왜 내 선택은 항상 꽝일까? ·· 30
11 왜 잘살아도 맘은 불편할까? ·· 32
12 왜 현재의 악운이 미래의 호운이 되나? ·· 34
13 왜 악운은 더 악운으로 느껴질까? ·· 36
14 만사가 속수무책, 운이 꺾일 때는 어떻게 하나? ·· 38
15 왜 부자인 사람이 자꾸 부자가 되나? ·· 40
16 왜 종교를 믿어도 현실의 삶은 그대로인가? ·· 42
17 왜 건강하지 않고 아프기만 할까? ·· 44

18 왜 인간은 욕망을 버릴 수가 없나? • 46
19 왜 착하게 사는데 횡액이 찾아오나? • 48
20 승진이나 관운이 좋은 사람은? • 50
21 재운이 왕한 조상과 관운이 왕한 조상은? • 52
22 재물을 최대로 누리는 방법은? • 54
23 관운을 최고로 이끄는 방법은? • 56
24 귀인을 만나는 방법은? • 58
25 인연이 좋은 사람, 나쁜 사람은? • 60
26 삶의 처음과 끝이 다 좋을 수 있나? • 62
27 현생을 잘사는 방법은? • 64
28 삶의 의미 있는 마무리는? • 66
29 조상신은 현생의 화두인가? • 68
30 종교는 삶의 마지막 화두인가? • 70

제2부

01 신(神)과 조상신(祖上神)의 차이점은? • 74
02 센 조상신과 약한 조상신이 있나? • 76
03 조상신과 귀신의 차이점은? • 79
04 조상신, 귀신, 사람 중 누가 높은가? • 82
05 조상신은 인간보다 순진한가? • 85
06 조상공덕은 외상은 안 되나? • 88
07 조상공은 크게 한 번이 좋은가, 작게 여러 번이 좋은가? • 91
08 신들끼리의 상충이 있는가? • 95
09 조상신과 터신 중 누가 더 힘이 센가? • 98
10 조상신과 터신은 그 모습이 있는가? • 101
11 공은 누가 드리는 것이 제일 효과가 좋은가? • 104
12 무당이 되는 사람들은? • 107
13 참무당이 될 수 있는 사람은? • 110

14 무당에도 등급이 있는가? ·· 112
15 내림굿을 결정하는 사람들은? ·· 116
16 내림굿을 받아버린 사람은? ·· 119
17 유명한 무당이나 유명한 역술인의 차이는? ·· 122
18 무당이 되게 하는 꿈의 세계의 착각은? ·· 125
19 무당은 꿈을 자주 꾼다는데? ·· 127
20 무당의 겉모습과 속마음은? ·· 130
21 조상신은 무엇을 좋아하나? ·· 133
22 조상신도 사돈지간은 어려운가? ·· 137
23 무당, 보살, 스님이 되는 사람들의 성격 차이는? ·· 140
24 조상신들이 좋아하는 공덕 행위는? ·· 143
25 공을 드리는 것은 대리인도 가능한가? ·· 146
26 조상이 전혀 다른 사람의 공도 들어주나? ·· 149
27 조상공, 제살행위는 본인이 직접 할 수가 있나? ·· 152
28 그 무당과 인연이 있는 조상은 따로 있는가? ·· 154
29 조상신끼리, 귀신끼리는 서로 통하는가? ·· 158
30 조상신, 귀신들은 미래가 다 보이는가? ·· 162
31 세상살이의 정확한 미래 예측을 원하는 이유는? ·· 165
32 미래 예측을 잘하는 무당과 아닌 무당은? ·· 169
33 어떤 무당이 정확도가 가장 높은 미래를 볼 수 있나? ·· 173
34 신기(神氣)가 있는 사람들은 신들이 다 좋아하는가? ·· 175
35 내림굿을 해 준 신어머니와 제자 간의 사이가 안 좋은 경우는? ·· 178
36 서로 다른 조상신들끼리 합의를 부칠 수가 있는가? ·· 180
37 같은 조상신들끼리 문중회의도 하는가? ·· 184
38 무당은 무섭고 천한 존재인가? ·· 188
39 죽음 뒤 종교의식 전에 할 것은? ·· 192
40 조상신은 어디서 나오시나? ·· 195
41 조상신은 가만히 있는 게 좋은가, 움직이시는 게 좋은가? ·· 197
42 조상신은 어떤 모습인가? ·· 199
43 조상신, 귀신은 밤에만 활동하나? ·· 202

44	터신들은 어떤 자리를 좋아하나?	205
45	터신에는 어떤 종류가 있나?	208
46	터신, 조상신의 옷차림은 어떠한가?	211
47	터신은 텃세가 심한가?	214
48	터신과 잘 사는 방법은?	217
49	귀신을 쫓는 행위는 누구나 할 수가 있는가?	220
50	귀신은 천수에도 영향을 끼치나?	224
51	귀신을 부르는 행위에는 어떤 게 있나?	227
52	귀신은 부르면 다 나오는가?	230
53	인간은 누구나 신기가 있는가?	234
54	신기가 99% 왕한데 일반인으로 살 수가 있는가?	238
55	내림굿을 받은 경우 신기가 99%인 사람이 일반인으로 살 수가 있나?	241
56	내림을 받아야 되는 신기가 있는 사람은?	245
57	내림을 받은 사람에게 신이 안 내린 경우는?	247
58	내림굿만 받으면 남의 인생이 훤히 보이는가?	250
59	신기와 무병을 거부했을 때 대물림은 있는가?	254
60	신기나 무병은 눌름굿으로 눌러지나?	256
61	신의 일을 하는 사람들은 남이 먹여살리나?	258
62	신줄기가 다른데 아무 신줄을 잡아도 되나?	260
63	현대의 무속 줄기에는 어떤 것이 있나?	263
64	신의 제자가 되면 해야 하는 일은?	267
65	신의 길을 올바르게 가는 방법은?	269
66	신의 길을 가는 사람은 공인인가?	271
67	신의 길을 가는 사람이 해야 될 일은?	273
68	현생과 후생을 연결하는 신제자의 역할은?	275
69	복(福) 짓는 신의 길은?	277

나오며 · 279

제1부

살아간다는 것 자체가 너무나 힘든 이들을 위하여!!

왜 잘살지 못하는가?
왜 하는 일마다 잘 안되는가?
왜 삶은 고민의 연속인가?

01 조상신은 누구인가?

　조상신(祖上神)은 말 그대로 돌아가신 나의 부모님부터 시작하여 나의 할아버지와 할머니, 증조할아버지와 증조할머니, 또 그 윗대의 고조할아버지와 고조할머니……, 더 나아가 나의 성씨를 갖게 해 주신 나의 조상님들을 예우의 차원에서, 이미 돌아가셨으니까 살아있는 사람은 아니고 정체불명의 귀신도 아니고 해서 조상님을 통틀어서, '조상신'이라고 명한다.
　조상신을 모신다고 하면 타 종교에서는 우상숭배라는 말을 하기도 한다. 그런데 우상이란 일종의 모르는 어떤 동상이나 신령에게 예를 표할 때 쓰는 말이고, 돌아가신 나를 낳아 이 땅을 살아가게 해 주신 분이 우상일 수는 없다.
　예수님이나 부처님처럼 이미 성인이 되신 분들은 높디높은 절대신이 분명하지만, 나를 낳아주신 분이 살아생전 단지 인간의 모습으로 살다가 돌아가시고 특별히 어마어마한 일을 하고 가신 것도 아니지만 그럼에도 신(神)이란 말을 붙여 예우를 해 주면 안 되는 걸까? 신(神)도 절대신, 상계신, 하계신이 있는데 귀신에게도 신이라는 말을 쓰고 있다면 돌아가신 내 부모님과 윗대의 어른들을 조상신이라고 한들 무슨 큰 문제가 있겠는가?

조상에 대한 예우나 대접은 이 땅을 살아가는 사람들에겐 아주 중요한 의미가 있다는 것을 이제부터 말하고자 한다.

02 조상을 잘 모셔야 되는 이유는?

　이 땅에 나를 낳아주신 분은 바로 나의 부모님이고, 나의 부모님을 이 땅에 살아가게 해 주신 분은 나의 할아버지 할머니이시다. 어디서 어떤 경로로 와서 내가 살고 있는지는 몰라도 적어도 나의 부모님의 몸을 빌려 이 인간세상을 살아가고 있다는 것은 분명한 현실이다.

　생명의 잉태를 보면 몇 억대 일의 경쟁을 뚫고 이 세상에 태어나 고생고생하다 세상을 떠나는 것을 생각하면 허망하기 그지없으나, 그런 나를 가장 사랑하고 가장 끔찍이 아껴주시는 분은 부모님밖에 없기 때문에 천륜이라는 말을 쓴다. 하늘이 맺어주신 거역할 수 없는 인연이다.

　그렇게 나를 가장 사랑하는 부모님이 세월이 가 다시 저세상으로 돌아갈 때 그 애틋한 마음은 무엇으로 표현하겠는가? 두고 떠나는 자식에 대한 연민, 그리움, 걱정 등등. 아마도 부모님이라면 누구나 가슴 아픈 이별의 순간을 잊지 못할 것이다.

돌아가신 부모님은 나의 가장 가까운 1세대 조상신이 된다. 나를 가장 사랑할 수밖에 없는 조상님이 되셔서 죽어서도 두고 온 자식을 돌봐주려는 강력한 마음이 결국은 다른 어떠한 높으신 신들보다도 우선한다.

절대신들도 인간을 사랑한다. 하지만 너무 숫자가 많다 보니 그 절대신들에게 잘하는 사람에게만 복을 더 주시는 건 아닐까? 현실적으로 헌금이나 보시 등을 더 많이 하려고 하는 이유는 공정한 신들께서도 잘하는 신도에게 복을 더 줄 거라는 믿음이 이미 자리 잡아서가 아닌가?

종교처럼 세뇌교육의 과정을 안 거쳐도 요즘처럼 하나나 둘만 낳는 세상에 나를 낳아주신 부모님보다 나를 더 사랑할 수는 없다. 희소성의 문제이기도 하다.

돌아가신 부모님이나 조상님께 잘하면 남보다 더한 복을 줄 거라는 것은 자명하다. 믿어라. 산소나 납골당조차 1년에 한 번도 안 찾아가며 엄한 데 가서 복달라고 읍소하는 이 땅의 각 성씨의 후손들은 우선 먼저 당신 조상에 공을 드리고 예를 차리라고 말해 주고 싶다. 즉각, 답이 있으실 것이다.

왜 노력만으로는 잘살지 못할까?

조상신을 연구하다 보면 가난도 대물림처럼 빈천하거나 그저 단지 입에 풀칠할 정도로 사는 사람들이 있고, 아니면 아주 좋은 집에서 태어나 좋은 환경에서 잘 먹고 잘 사는 사람들도 있다.

조상이 달라서 그렇다는 것은 그냥 봐도 아는 일이다. 내가 부모를 잘 만났으면 잘사는 것이고 지지리도 못사는 부모를 만나서 고생을 한다고 생각을 하면 그 또한 맞는 말이기도 하다.

부모를 선택해서 내가 태어날 수는 없을 진데, 노력에 노력을 거듭한다고 해서 근본이 없는 사람이 갑자기 재벌이 될 수는 없는 것이다. 소도 언덕이 있어야 비빈다고 기본적인 삶은 어떤 틀에서 완전히 벗어나기는 힘들다고 본다. 그래서 작은 부자는 노력으로도 되지만 큰 부자는 하늘이 낸다고 하는 말이 있다.

하지만 현실에서 못사는 것이 내 부모 탓이라고 하며 손놓고 가

만히 있어야 하는가? 운이 없어서 내 부모는 못살아도 내 할아버지 대에 만석꾼으로 잘살던 집안은 비일비재하다. 운은 파도타기이다. 작게는 10년, 30년의 줄기를 따라 60년, 90년의 곡선을 따라 움직인다. 잘살고 좋았을 때가 있으면 못살고 힘든 때도 있다.

다행히 내가 상승곡선을 타는 운이면 더욱 좋고, 아니면 조상의 음덕이라도 끌어 잘살 수 있게 공이라도 들여 보는 것은 어떤가? 내 부모가 신통치 않아 억울하면 만석꾼 할아버지께라도 응석부리고 매달려 봐라. 우는 아이에게 젖 준다고, 맏이고 둘째이고를 떠나서 공덕을 쌓는 사람에게로 복이 더 돌아가는 것을 많이 봐 왔다.

04 왜 세월이 가도 형편이 나아지지 않는 걸까?

보통의 평범한 인간은 누구나 열심히 산다. 따라서 오늘도 일하고 내일도 열심히 일하면 점점 잘살아야 될 터인데, 현실은 그렇지가 않다. 경기가 나빠져서 오히려 돈을 잘 못 벌거나 세월이 가면서 기력은 떨어지는데, 아이들은 점점 커가면서 교육비라든가 씀씀이가 더 커지면서 더 힘들고 고단한 삶이 된다. 형편이 피기는커녕 점점 힘들어져서 40~50대의 가장 중 부양의 의무가 버거운 나약한 사람들은 스스로 목숨을 끊는 일까지 있게 된다.

왜 사람들은 살아가면 꼭 형편이 나아진다는 생각을 하며 살까?

지나간 세월 중 좋았던 때를 기억하고 아, 지금쯤이면 이제는 운을 다 썼다는 생각을 하는 사람들이 별로 없다. 늘 삶은 진행형이고 잘 풀리고 잘살 거라는 기대심리가 희망적일 때는 괜찮지만, 나이가 많이 들어 노년이 되어서도 무언가 일을 벌이고 수습을 하지 못하는 경우는 스스로 무덤을 파는 행위가 된다.

각자 잘산다는 것도 밥그릇의 양만큼이나 다르고 각자의 능력만큼이나 천차만별이다. 죽을 때까지 노력은 하되 안분지족도 생각해야 된다.

삶의 바로 끝은 죽음이다. 그렁저렁 살다가 보면 어느새 삶의 종착역에 다다른 나를 발견도 못하고 세상을 떠나는 것이 우리네 인생살이다. 삶은 파도타기이다. 좋은 때와 나쁜 때가 교차하며 어느 순간에 삶에서 죽음으로 내몰린다는 것을 잊지 말자.

어느새 나는 내 자식의 조상신이 될 준비를 하고 있는 것이다. 아쉬움과 한이 왜 없겠는가?

왜 내 자식만 잘 안되는 걸까?

부모님이 세상에서 가장 사랑하는 사람은 자신의 자식인 아들딸이다. 너무나 사랑해서 눈과 귀를 멀게 하고 자식이 속을 썩일 때는 가슴이 미어지기도 하지만 속수무책이 되기도 한다. 그래서 단명을 하거나 너무 속 썩이는 자식은 전생의 원수라고 하지 않는가. 부모님의 가슴을 가장 아프게 할 수 있는 사람은 자식뿐이기 때문이다.

자식이 잘 안된다고 생각하는 것도 부모님의 입장에서는 늘 부족함과 목마름 때문이다. 내 자식만이 일등을 하고, 내 자식만이 최고가 되었으면 하고, 내 자식만이 좋은 배우자 만나 돈도 잘 벌고 손자 잘 낳고 알콩달콩 살기를 바라는데, 모두가 일등을 하면 꼴등은 누가 하나? 모두가 툭툭 털고 살면 궂은 일은 누가 하나? 기대 심리가 높으면 늘 부족하고 만족이 없기 때문에 언제나 내 자식은 남의 자식보다 못나 보이고 잘 안돼 보인다.

자식이 잘되기를 바라는 마음은 부모님의 정신적 정성과 물질적 정성을 불러일으킨다. 수험생 부모치고 절이나 법당, 교회에 가서 빌지 않는 사람이 없다. 없던 신심도 생기고 안 믿던 종교도 찾게 되고 그저 천지신명께도 빌고 간절함이 극을 달하게 된다.

기본적인 머리는 조상이 준 것이요, 뒷바라지 하는 돈도 재물이 왕하게 살게 도와주신 조상의 몫이다. 더욱이 합격, 불합격의 갈림도 조상의 음덕이나 관 줄기에서 온다고 생각하면 쉽게 풀이가 된다. 근본 없는 잘됨이란 쉽지가 않아서 왠지 운이 순탄하고 좋아보이는 사람은 누가 도와도 도와준다.

나 대신 조상전에 간절히 빌어줄 수 있는 부모님이 아직도 생존해 계시면 감사해라. 내가 이 세상을 잘살아가는 데 훨씬 쉬운 지름길을 안내받을 수 있다는 것이 얼마나 다행인가?

06 왜 부부지간에 불화가 끊이지 않나?

부부는 남남이 만나서 자식을 낳고 사는, 아주 다른 두 조상신의 줄기가 만나서 가정을 꾸미고 사는 소집단이다. 엄밀히 따지면 4조상신이 만나서 합의가 들어가야 되니 그 또한 만만한 것이 아니다.

예를 들어, 이씨 아버지와 박씨 어머니가 낳은 이씨 남자와 김씨 아버지와 한씨 어머니가 낳은 김씨 딸이 만나서 혼인을 했다고 할 때 4조상신이 만나게 되는 것이다. 친가와 외가라는 이름으로 만난 조상신들은 어떤 생각을 하게 될까?

조상신들도 알력이 있다. 내가 더 잘났다거나 높다는 것을 은연 중에 보여주고 내 덕에 더 잘 산다는 것을 각인시키고 싶어 한다. 조상들도 의견충돌이 있는데 하물며 인간의 모습으로 사는 부부간에 싸움이나 이해의 부딪힘이 없다는 것은 말이 안 된다. 부부지간의 불화라는 것은 이미 조상의 입장에서는 내포되어 있는 당연한 현상일지도 모른다.

  게다가 만약에 종교가 상충되기라도 한다면 이건 누구 하나 져주지 않으면 어마어마한 신의 충돌, 사망과 사고가 개입되는 상황이 된다. 내가 지금 말하는 것들이 실제 현실에서 비일비재하게 일어나고 있는데도 사람들은 아닌 척 회피를 하고 모든 것은 눈에 안 보이는 미래의 일이니 피하려고만 하는 경향이 있다. 덮어놓고 두려움만 느끼는 것이다.

  조상신들이 합의가 안 들어가 상충이 될 때는 한쪽이 아예 져주든지 포기를 해야 된다. 작은 충돌로 끊임없는 불화 속에서 평생을 살기라도 하면 그나마 다행이다. 하지만 양보 없는 조상신들의 상충은 자칫 어마어마한 삶의 곡예가 된다.

07 이혼도 조상신 탓인가?

　결혼이란 인간이 만든 사회제도 중 가장 인간이 인간답게 살아가는 최선의 방법이란 생각으로 수천 년을 이끌어온 남녀간의 성스런 결합이라고 했다. 하지만 금세기 들어 이러한 혼인제도는 사회생활의 변화로 뿌리까지 뒤흔드는 위기를 맞고 있다.

　인간은 성인이 되는 20대부터 성적 기력이 쇠퇴하는 50대까지 약 3번의 애정의 변화를 겪는다고 한다. 즉, 20대의 철없는 불 같은 사랑, 30~40대의 육체적이고 성숙한 사랑, 50~60대의 노년의 안락한 사랑까지 사랑의 대상은 늘 변하기 마련이다.

　내가 선택한 결혼조차도 사랑의 묘약의 속성상 3년이란 세월이 가면 퇴색되고, 자식만 아니면 안 살아도 그만이라는 중년의 부부가 얼마나 많은가?

　조상신들도 사돈지간은 낯설고 애정이 없다고 했다. 자식 이기는 부모가 있던가?

　예화로 남편 쪽의 조상이 득세한 혼인 가정의 예를 들자. 처음에 혼인을 할 때 성에 차지 않고 마땅치 않았던 며느리가 있다. 세월이 흘러 다른 여성이 등장해, 자식이 그 여인을 사랑하거나 하다못해 자손이 없다가 자식이라도 낳고 운까지 좋아지면 확 돌아서는 조상들을 많이 봐 왔다. 살아있는 시부모는 당연하고 돌아가신 조상까지도 맘이 돌아선다. 무조건 당신 손자 편이어서 한쪽 편만 들고 외곬인 것은 더 심하다.

　적어도 조상의 눈밖에 안 나려면 그쪽 조상이 원하는 부분에 초점을 맞추는 노력을 했어야 했다. 내가 뭣 하러 남편 쪽 말만 듣냐고 박박 우기는 똑똑한 며느리는 결국엔 갈라서거나 본인이 선택한 제2의 삶을 사는 수밖에 없다. 지은 공덕이 있어야 조상도 예뻐하지 제사조차 한번 제대로 받아먹은 적 없는 조상은 훨씬 더 냉정하다.

　내가 그 조상신들에게 미움을 받았든 내가 원했든 결론은 마찬가지이다. 나는 그쪽 조상네 가정에서 밀려났다는 것이다. 조상신은 단순해 애정 없는 조상신끼리는 더 미련 없이 갈라선다.

08 조상신이 선택해 주는 인연은?

평범한 두 남녀가 혼인을 하는 데는 우연이든 필연이든 만남이라는 과정을 거쳐 사랑을 하게 되면서 여러 가지 조건을 본다. 학벌이든 재력이든 기타 등등. 현대는 가문의 문제가 가장 나중이 아닌가 싶다. 하지만 옛날처럼 집안끼리의 혼사가 아니니까 더 편안하고 좋아졌다고 하는 것은 모르는 사람들 말이고 오히려 성씨에 대한 검증이 없거나 그런 부분에 대한 무지가 나중에 큰 풍파나 우환이 되는 경우도 허다하다. 혼인을 해서는 안 되는 집안끼리 혼인한 예화가 있다.

할아버지가 큰 절의 스님이셨는데, 2대째 목사님의 집안 딸과 연애를 하여 혼인을 하였다. 하지만 결국에는 조상들이 못 견뎌 갈라서게 만들었는데 두 딸 중 큰딸은 어머니 편, 작은딸은 아버지 편을 드는 상태가 되었다. 어쩌면 신들의 힘의 균형이 무서울 정도로 팽

팽해 결국엔 눈물과 회한 속에 재판까지 가 끝까지 못 살게 되었다.

각 성씨들을 보면 조상끼리 원수 집안이 있다. 서로 죽이거나 모함으로 죽거나 역적으로 몰아간 집안끼리는 사돈이 되면 안 되지 않겠는가?

현재를 사는 일반인들이 성씨에 대해 잘 모르거나 관심이 없어서 그렇지 조금만 역사책을 들쳐 야사라도 많이 접하는 사람들은 어떤 성씨와 어떤 성씨가 혼인을 하면 우환이 많다는 것이 통설로도 존재한다.

또, 관(官)이 아주 높은 집안의 아들이 너무나 천한 집안의 딸과 혼인을 하는 경우도 그쪽 여성이 용도가 다하면 쫓겨나 애들의 보모로만 남게 되는 경우도 있다. 어떻게 해서라도 가문을 살리려고 하는 큰 뜻에는 무서운 조상신들의 위력이 작용을 한다. 지혜를 주고, 건강을 보살피고, 제살을 시켜주고, 재운과 관운을 이끌어주고자 귀인을 붙여준다. 조상신이 선택해 주는 귀인의 인연은 절대로 놓치면 안 된다.

아직 때가 아니어서 덜 익은 된장은 한여름의 뜨거운 햇볕이 있어야만 맛있는 된장이 된다. 부화뇌동하지 말고 운과 기회를 기다리는 강태공의 심상을 배워라.

왜 사업은 실패의 연속일까?

사업을 하는 목적은 돈을 벌기 위함이다. 사람이 이 세상에 태어나 먹고사는 문제를 해결하는 방법은 돈을 버는 것이다. 물론 돈이 많으면 좋지만, 많아도 많다고 느끼는 사람은 별로 없다. 평생을 살아도 늘 부족한 것이 돈이다.

사업을 하는 것은 순간순간 선택의 연속이다. 어떤 기로에서 어떻게 처신해 돈을 벌어드려야 되는데 선택이 늘 쉬운 것은 아니다. 내 예상이 빗나가기도 하고 어떤 때는 아주 쪽박을 차기도 한다.

어떤 이들은 무엇을 해도 운이 따라주어서 잘되는 길만 찾아가는 듯 보이고, 어떤 이들은 무엇을 해도 운이 없어서 안되는 길로만 가는 듯이 보이기도 한다. 마치 잘되는 사람은 안 보이는 누군가의 인도를 받는 것처럼 호운만 찾아가고, 안되는 사람은 지독히도 망하는 길만 찾아간다.

밤잠을 설치며 어떻게 해야 되나 고민하다가 잠이 든 새벽녘, 희미한 여명을 따라 조상 줄기가 강한 사람들은 대부분 꿈을 꾸는 경우가 많다. 꿈이란 일종의 조상과의 교감을 일으키는 정신세계의 미팅장소라고 보면 된다.

누런 황소가 나타나 눈을 껌벅거리며 나를 빤히 쳐다보거나, 꺼먹돼지가 갑자기 내 품에 뛰어들거나 하는 꿈들은 조상님들이 나를 도와주겠다는 의미가 강하다. 하지만 물이 혼탁하거나 희미한 안개 속에 유령처럼 나타나 슬픈 표정을 짓는 조상은 일의 진행이 나쁘거나 하지 말라는 의미로 해석하면 현실의 답이 나온다.

답답하거나 일이 안될 때는 나를 가장 사랑하는 나의 조상을 찾아 대접하며 간절히 매달리라고 말하고 싶다. 조상들은 실제로 나를 안다. 당신들이 낳아 이 땅에 두고 온 가련한 내 자손임을 안다.

할아버지든 아버지든 내 조상만큼 대접에 즉각 반응을 나타내 주는 신은 없다. 그래서 비록 신의 대열에 놓기에는 하계신이 분명하지만, 현실적 답변을 주기에는 절대신보다 더한 위력이 있다는 것을 꼭 말해 주고 싶다.

10 왜 내 선택은 항상 꽝일까?

일반적으로 잘사는 사람을 보면 성격이 유순하거나 좀 모자란 듯 보인다. 영악해 보이지 않고 손해를 잘 볼 것 같은 인상이거나, 매사 너무 치밀해 보이지 않거나 빈틈이 좀 보이고 인간적인 냄새가 난다. 게다가 불쌍한 사람들을 보면 마음이 약해 많이는 아니어도 적당히 베풀 줄도 아는 사람이 많다.

조상의 음덕 중에 으뜸이 오랫동안 쌓여져 온 마음의 선행이나 보시 등등. 알게 모르게 많은 사람들의 고마움이나 칭송이 덕으로 작용해서 복으로 돌아와 잘사는 것이다.

똑똑하고 영악한 사람들은 자기 확신이 강하다. 삶은 내가 꾸려가는 것이고, 나는 남의 도움은 한푼도 안 받고 내 식대로 살 것이고, 종교든 조상이든 그런 건 다 미신이고 쓸데없는 짓거리고, 인생은 과학이고 지금은 21세기의 첨단시대고……. 너무나 자만에 차서

온정이나 인정이라고는 파고들 데가 손톱만큼도 없는 사람이다.

그런데 주식을 해도 선택은 과학적으로 했는데 실속은 꽝이고, 부동산을 하면 늘 뒤좇아 다니는 형국이고, 좋은 아이템으로 성공할 듯 보여도 늘 손재가 따르고……. 어쨌든 운이 안 따르고 되는 일이 없는 사람은 어떻게 풀어야 할까?

자존심만 하늘을 찌르고 속은 곪을 데로 곪아도 남에게 말도 못 하고 선택에 대한 책임도 내가 져야 된다. 진퇴양난일 때 내겐 누가 있는가? 친구들? 아무도 없다. 현실의 부모님은 이렇게 힘들 때 능력이 없거나 돌아가셨거나 아무 보탬이 안 돼 보인다.

하지만 회생의 답은 내 조상에게 있다. 나를 가장 순수하게 사랑한다는 강력한 메시지를 믿어라. 반드시 회생을 하게끔 고군분투하신다는 것을 믿어라.

힘들고 어려울 때는 하물며 냉수라도 떠놓고 맘속으로 공을 드리는 신심(神心)만이 악운을 빠져나오는 힘이 된다. 내 조상님만한 '빽'이 없다는 것을 꼭 믿기를 바란다.

11 왜 잘살아도 맘은 불편할까?

잘산다고 하는 것은 재물이 좀 많거나, 별일 없이 자신이 갖고 싶은 것 정도는 소유할 수가 있고, 하고 싶은 일은 할 수 있을 정도의 여유……. 뭐 그런 정도이다.

하지만 정말 여유롭고 잘사는 사람들의 마음이 꼭 편안할까? 인간의 내면을 들여다보면 늘 불안과 알 수 없는 허무함이 내재되어 있는 복합성을 가지고 있다. 살 만하면 뭔가 다른 것을 찾는 것이 인간 심리이다.

뭔가가 있을 것 같은 것, 획기적인 즐거움이나 깨소금 같은 기쁨이 있을 것 같은 마음이 든다. 찾아나서 본다. 무엇이 있을까?

인간 세상에는 온전히 자신의 쾌락만을 위한 술이나 유흥도 많고, 쓸쓸함을 달래주는 애인도 있고, 그냥 그렁저렁 시간 죽이기 좋은 수다스런 의미 없는 만남들도 많다. 하지만 그때뿐 돌아서면 허망하다.

 여력이 있는 사람이 무엇을 하며 살든 그건 그 사람의 마음이다. 하지만 조상궁이 높거나 조상의 힘이 강한 자손들은 어떠한 경우에도 올바른 길로 찾아들어가는 것을 많이 봐 왔다. 선행에 대한 관심, 보시에 대한 관심, 장학재단과 장애인에 대한 관심 등등……. 선행을 밥 먹는 일상으로 생각하며 살던 조상의 자손들은 그 조상이 해 왔던 마음의 줄기를 놓치지 않는다. 보람 있는 삶은 남을 도움으로써 생기는 기쁨임을 잘 안다. 선행하던 조상의 자손이 또 선행을 할 때 자자손손 잘살 수밖에 없다는 것은 당연한 것이 아닌가?

 지금 삶이 버겁고 힘들어도 잘살게 된다면, 마지막 죽는 순간에라도 거창하지는 않지만 한 가지 좋은 일은 꼭 하고 죽어야지 하는 마음을 갖길 바란다. 불편함은 사라질 것이다.

12 왜 현재의 악운이 미래의 호운이 되나?

인간의 짧은 소견으로 미래를 예측할 수가 있다면 얼마나 좋을까? 하지만 어리석게도 인간은 한치 앞의 이득만 이득으로 보여, 현재의 손해가 미래의 이득이 되고, 현재의 이득이 결과적으로 나중에는 손실로 돌아옴을 깨우치지 못한다. 나무만 보고 숲을 보지 못한다.

특히, 너무나도 인간의 뜻과는 정반대의 길을 가는 듯이 보이는 것이 재물이다. 돈은 흐름이다. 그 흐름의 맥이 끊기거나 가다가 중지하면 아니 감만 못하다. 부자가 되기 위해서는 돈의 흐름의 맥을 잘 짚어야 된다. 한순간의 속단이 결국엔 큰 혼란이 되어 망조까지 들게 된다. 어떻게 인간의 잔머리로 부자가 될 수가 있겠는가. '인간만사 세옹지마'라 했다.

일반인들은 대운이 오는 길목을 알지 못한다. 운이 어떻게 오는

지는 자신의 조상신들이 제일 잘 안다. 그 조상신의 의중이나 뜻을 가장 잘 알려줄 수 있는 사람도 신의 일을 하는 사람이다.

자고로 대무당 하나에 3명의 갑부와 권력자가 나온다고 했다. 한 명의 갑부를 만들기 위해서는 십 년 공덕이 필요하다. 끊임없는 단련과 채찍, 공덕, 제살(除殺) 등 수많은 친밀감이 경지에 이를 때 조상님들이 원하는 모습의 후손이 탄생하는 것이다.

모든 건 그 사람의 운에 맞는 조언과 이끌어줌이다. 운이 악운일 때는 피할 수 있게 막아주고, 운이 아직 안 왔을 때는 운을 맞이할 수 있는 준비를 시켜주고, 막상 운이 코앞에 왔을 때는 그 대운을 최대한도로 낚아챌 수 있게 해 주는 내 인생 최고의 귀인을 만날 수 있게 빌어보자. 마음의 정성, 물질적 정성, 신심(神心) 등등. 이러한 최고의 깔끔하고 최대의 몰입의 경지가 없으면 영웅도 거부도 기대하지 말아라.

한 가문의 조상신이 한 후손에게 쏟는 정성의 끝은 위대한 자기 가문의 부활과 자자손손의 복록이다.

세상에 공짜는 없다. 모든 것이 힘들고 어려운 길이어도 믿는 자손에게는 조상님들의 응답이 있음을 꼭 믿기 바란다.

13 왜 악운은 더 악운으로 느껴질까?

살다가 보면 나쁜 일은 한꺼번에 몰아쳐 오고 좋은 일은 서서히 오는 느낌을 받는다. 왜냐하면 나쁘다는 것은 사고, 사망, 부도, 배신, 질병 등등. 인간의 마음에 상처를 심하게 남기기 때문에 안 좋다는 느낌이 배가 되어 다가온다.

하지만 좋은 일은 그냥 편안하고 안락한 느낌은 있지만 센세이션한 고통을 수반하지는 않으니까 그냥 지나쳐 버리기 쉽다. 지나고 나서야 아! 그때가 정말 행복하고 좋았었구나 하는 것을 뒤늦게 깨우친다. 행복이란 안락의 속에 있을 때는 모르다가 꼭 세월이 흘러 과거를 뒤돌아볼 때에만 느낄 수 있는 신기루이다.

현재의 고통이 무엇 때문인지 몰라도 불행이라고 느끼는 마음도 다 자신의 선택이다. 악운이나 호운도 경험이 많아지면 그 수가 늘어나 숫자적으로 많아지니까 더 많이 겪은 듯 착시를 일으키는 것이다.

  많은 세월을 살아가다 보면 사고를 당할 확률도 더 많아지고, 연로하신 부모님은 암이라든지 뇌졸중 등의 병에 노출될 확률이 더 높아지고, 식구들이 늘어나다 보면 훨씬 많은 일들이 생긴다. 밥만 먹고 공부만 걱정하면 되던 단순한 사춘기의 삶에서 책임 있는 성인의 삶, 즉 돈을 벌거나 일을 하며 위아래로 건사해야 될 식구가 많아지는 복잡다단한 구성원이 얽히는 삶으로 들어가게 된다.

  편안히 먹고 노는 삶이 아닌 풀어가야 될 숙제가 산더미처럼 쌓여 하루도 맘 편할 날이 없이 살아가야 되는 삶은 즐거울 리 없다. 게다가 사고나 사건에 얽히면 도망가고 싶고 회피하고 싶어진다.

  악운이라는 것은 누구나 겪을 수 있는 삶인데도 유독 나한테만 일어나는 일로 생각하는 마음이 문제이다. 오히려 나한테 일어나는 것이 당연하다고 받아들일 때 성숙한 삶은 준비된 삶으로 방향을 바꾸게 된다.

 14 만사가 속수무책, 운이 꺾일 때는 어떻게 하나?

　무언가 할 수 있고 해결할 수 있고 희망이 있을 때는 그래도 용기라도 있지만, 모든 것이 암울하고 끝나 보이고 아무 대책이 없을 때는 어떻게 풀어갈 것인가? 소위 망했을 때는 어쩌나?

　삶의 기복이 심한 사람은 그 조상이 신기가 세거나 훨씬 생생하게 영향력을 행사할 때 그런 일이 더 많이 일어난다. 신들의 요구사항, 신들의 훼방이 왜 그런지를 빨리 간파해야 된다.

　'망했다!' 는 생각은 20~30대 젊은 날에는 잘 느끼지 못한다. 하지만 40대 이후에 주식이나 사업을 하다가 실패를 하면 망했다는 생각에 괴롭다. 이미 나이도 먹었고 젊은 날에 내 능력껏 모았던 재산을 일순간에 잘못 판단하여 날렸으니, 이제는 처자식도 있는데 어떻게 살 것인가 죽어야 하나?

　하지만 만약에 당신의 운이 50대부터 온다면 그 앞의 인생이나 돈은 어떤 의미가 있나? 여태껏 벌었던 돈은 결국엔 휴지에 불과하고 그 돈의 양은 대운이 오는 때 벌 수 있는 돈의 종자돈도 안 되는 껌값에 불과할 수도 있다.

재물은 죽으면 엽전 열 냥 외에는 절대로 가지고 가지 못한다. 그 못 가지고 가는 재물 때문에 죽음을 생각한다면 죽지 말고 죽기 전까지는 기를 쓰고 벌어라. 내가 죽기 전 어느 때, 두고 갈 재물의 양이 최대치가 될지는 아무도 모른다. 로또라도 당첨될지 누가 아는가? 이미 내가 이 세상 사람이 아닌데 두고 갈 재물의 양이 또 그렇게 중요할까? 내 자식에게 좀 덜 주고 가면 안 되나? 돈 귀신의 유혹은 정말 무섭다.

내 인생은 죽을 때까지는 나의 것이다. 내가 선택했든 내가 당했든 죽도록 힘든 운도 마음먹기에 따라서는 강인한 삶의 촉진제가 되고 파란만장할수록 극명한 기쁨과 슬픔, 고통이 교차한다. 밍밍한 삶이 좋은가? 사랑도 치열할 때는 천국의 꿀맛을 보다가 헤어지면 지옥의 고통을 맛보지 않던가? 오뚝이처럼 살아라.

삶이란 어떻게든 살아지면 그건 결과에 상관없이 다 소중하고 귀중한 것이다. 조상님들도 그 테두리 안에서 도와주고 보살펴주실 것이다.

15 왜 부자인 사람이 자꾸 부자가 되나?

부자가 손가락질 받고 마치 남의 돈을 등치거나 해서 잘산다고 하는 생각이 없어진 지는 오래 됐다. 지금은 황금만능시대가 아니라 부자예찬 시대가 됐다. 누구나 부자가 되기를 꿈꾼다. 잘 먹고 잘 사는 것은 현생의 화두가 되었다.

진짜 알부자는 조상궁도 실하고 대대로 공덕도 많이 쌓았고 많이 벌고 많이 베풀고 조상이 좋아하는 대로 비위를 맞추는 데는 손색이 없는 사람들이다. 기독교의 재산 사회 환원처럼 많은 경우 찾아가는 선행, 스스로 우러나서 하는 선행을 하기를 즐긴다. 많은 사람이 베풂과 나눔에 고마움을 느끼는데 그 공덕이 어디로 가겠는가. 모두 자신에게 다시 큰 복록으로 돌아오게 된다.

자기 것은 털끝만큼도 손해를 보려하지 않고 공짜를 좋아하고 남의 것은 아까운 줄 모르고 남의 베풂은 거저 취하려는 사람은 부자가 될 수가 없다. 여유가 많아지면 나중에 베풀겠다는 마음도 어차피 부자가 될 수 없으니까 공수표가 된다. 꼼꼼하고 저만 아는 사람에게 수많은 돈이 몰리겠는가? 밥은 먹고산다. 하지만 그런 사람이 진정한 부자의 대열에 낄 수는 없다.

억지로 부자가 될 수는 없다. 각자 자신의 밥그릇에 맞게 작은 부자는 작은 부자대로, 큰 부자는 큰 부자대로 능력에 맞게 덕을 쌓아라.

돈은 억지로 좇으면 멀리 달아난다. 시간을 기다려주지 않으면 더욱더 멀리 달아난다. 돈도 눈이 달려서 내 운이 호운일 때는 잘 달라붙다가도 악운일 때는 근처에 얼씬도 안 한다.

인간관계가 끝이 난 경우 돈은 도적처럼 나에게 위해를 끼치기도 하는 무서운 존재가 되기도 한다. 보람 있는 돈, 재수 있는 돈, 더러운 돈, 착한 돈. 돈에도 생명이 있어 움직인다는 것을 한번쯤은 생각하라.

항상 여유를 가지고 때를 기다리며 공덕을 쌓아갈 때 진정한 부자, 마음의 부자까지도 되는 것이다.

16 왜 종교를 믿어도 현실의 삶은 그대로인가?

사람들이 가장 착각을 하는 부분이 이 부분이다.

종교는 마음의 위로와 구원을 전제로 하는 그야말로 성인께 인간의 나약하고 힘든 삶을 기대고 투정부리는 마지막 안식처이다. 너무나도 힘들고 어려울 때 예수님은 사랑으로 감싸줄 것이며, 부처님은 너그러우신 자비심으로 인간의 아픈 상처를 달래 줄 것이다. 하지만 그 아픈 상처란 결국에는 성인들께서 버리고 탐하지 말라고 누누이 강조했던 인간의 욕심이나 욕망에서 비롯된 것들이다.

절대신 앞에 나아가 힘들고 어려워 눈물 콧물 짜며 위로를 받아도 결국 돌아서면 현실의 나는 여전히 풀어야 할 숙제가 산적해 한숨을 쉴 수밖에 없다. 각자의 삶은 각자의 몫이고, 스스로가 해결해 나가야 된다. 다시 암울한 삶들, 돈 문제, 가정 문제, 자식 문제, 사업 문제, 애정 문제, 질병 등등……. 삶의 여러 가지 기제들이 나를 짓누른다.

비몽사몽 잠들었을 때 꿈에서라도 돌아가신 부모님이 홀연히 나와 "애야! 내 아무개야, 힘들지!" 할 때 얼마나 가슴이 미어지고 슬픈가. 내가 힘든 것은 현실의 삶이 힘든 것이고, 어떻게든 풀어가고자 하는 맘이 힘든 것이지 다 놓아버리면 아무것도 아니다.

하지만 어느 돌아가신 조상도 현재의 모든 것을 버리고 포기하라고 말씀해 주시는 분들은 없다. 오히려 조금만 지나면 형편이 나아질 것이고 어떻게든 다시 잘살 수 있다는 삶의 메시지를 주고, 용기 속에 욕심을 주고 희망을 주는 그분들이 나의 조상신들이다.

왜 사람들은 삶 속에서 욕심과 욕망을 갖는 것을 죄의식화 하는가? 그건 사후세계에 복을 짓는 종교의 영향 때문이다.

인간은 성인이 아니다. 모르는 세상에 태어나 이 땅에서의 삶을 최대한도로 잘 꾸려 살다가고 싶은 사람이다. 남에게 피해 주지 않고 이왕이면 남에게 도움까지라도 주고 가는 나만의 독특한 삶을 원한다.

왜 건강하지 않고 아프기만 할까?

유독 건강하지 않고 골골거리며 아픈 사람들이 있다. 건강이란 타고나는 것이고 질병도 타고나는 것이다. 이것은 원론적인 말이고 조상 줄기마다 질병의 종류도 다양하다.

부모님이 뚱뚱하고 고혈압이나 당뇨가 있으셨던 분들의 자손은 나도 그럴 확률이 높다는 것을 인정해야 된다. 큰아버지, 작은아버지, 내 아버지가 암으로 돌아가셨을 때는 그 또한 나도 암에는 늘 위험 요인을 가지고 있다는 것을 인정하자.

무슨 확률이 어떻고 실제로 유전이 아니니까 걱정할 필요는 없고 등등은 과학을 하거나 전문 의사들의 몫이다. 일반인은 그냥 편히 아, 우리 할아버지가 이러이러하게 돌아가셨고 우리 어머니가 이러이러한 병을 가지고 계시니까 나도 이런 병은 조심하자고 생각하는 것이 오히려 보편타당하다.

골골한 조상의 자손은 골골함이 더해 보인다. 잘 먹고 잘 살던 튼실한 조상은 자손에게 건강조차도 함께 주시는 경우가 많다. 하지만 골골 백년도 있고, 멋지게 살아도 짧은 수명의 줄기까지 보장을 할 수는 없다. 건강해도 어느 날 갑자기 돌연사를 해서 단명하는 줄기 또한 집안 조상들의 내력이다.

조상의 줄기를 살피다 보면 20대 초에 유독 애를 낳다가 죽은 사람이 많은 집안도 있고, 자다가 홀연히 저 세상으로 가는 젊은 혼백이 많은 집안도 있다. 한 번 데려가면 또 한 번은 못 데려 가겠는가, 집안에 초상이 나면 꼭 두 번씩 줄초상이 나는 집안도 있다. 삶과 죽음의 고리는 마치 쇠사슬처럼 엮여 있다. 조상신을 알면 이 고리 또한 끊을 수가 있다.

아무리 나만 아픈 듯 보여도 모든 사람은 그 시기가 다를 뿐 다 아프게 마련이다. 병명이 없거나 이유 없는 죽음은 없다. 아픈 것은 견딜 수가 있다. 하지만 천수를 못 살고 순간적으로 저세상으로 불려가는 횡액의 고리는 끊어야 된다고 본다.

18. 왜 인간은 욕망을 버릴 수가 없나?

욕망을 버릴 수가 없는 것이 아니라, 욕망을 버리지 말라고 말해주고 싶다. 단어에 '욕(慾)' 자가 들어가면 마치 심술이나, 자기 욕심, 남에게서 무언가를 뺏는다는 강탈의 의미가 은연중에 느껴져서 그렇지 인간이 인간의 모습으로 이 땅을 살아갈 때 욕심만큼 삶을 기름지고 풍요롭게 만드는 에너지는 없다.

모든 사람이 욕심도 없고, 하고 싶은 일도 없고, 먹고 싶은 것도 없고, 갖고 싶은 것도 없고, 아무것도 소유하고 싶은 것이 없을 때 이 세상은 어떻게 되겠는가? 생산할 필요가 없고 먹고 싶은 것이 없으니 식당은 장사가 안 될 것이고 아무렇게나 살면 되니까 집도 더 지을 필요가 없고 매사가 욕심이 없다는데 즐거운 일은 또 있을 턱이 있나?

모든 욕심이나 욕망을 일으키는 기제 뒤에는 즐거움이나 기쁨,

쾌락, 환희 등등 삶을 활화산처럼 펄펄 끓게 하는 또 다른 삶의 에너지가 있다.

인간 삶은 사후세계를 말하는 종교가 아니다. 잘 먹고 잘 살자고 하는 욕망은 인간의 삶을 윤택하게 하고 자동차 엔진의 윤활유처럼 세상을 돌아가게 하는 원동력이다.

욕망은 가지되 정도껏 갖고, 소유는 하되 정당하게 하고, 모든 욕심과 욕망이 어떤 사회적인 규율 속에서만 움직여 준다면 더 이상 바랄 바가 없다. 오히려 우리네 인간보다 우리 조상들은 자기 자손이 남보다 조금은 더 잘살기를 바라고 있다는 것을 잊지 말자. 그래서 남보다 더 잘살기를 바라는 사람은 당신들의 조상에 대한 예우를 소홀히 하지 말기를 바란다.

19 왜 착하게 사는데 횡액이 찾아 오나?

　종교인들이 흔히 사람들에게 설교하는 것 중에 하나가 착하게 살면 복을 받고 악하게 살면 복을 못 받는다고 얘기하는 것이다. 하지만 현실은 정반대인 경우가 많다. 성질 나쁘고 지독한 자린고비가 오히려 잘 먹고 잘 살고, 고생만 지지리 하고 맘씨도 착한 사람은 오히려 돈도 못 벌고 사고가 나서 다치거나 하물며 사고나 질병으로 죽기까지 한다.
　이 문제를 종교적으로는 어떻게 풀까?
　불가에서는 현생에 잘 먹고 잘 사는 것은 전생에 지은 공덕이 많아서이고, 현재 잘 못사는 것은 전생에 지은 공덕이 없거나 죄가 많아서 이제야 받는 것이라 한다. 또 지금 베풀지도 않고 악행을 하는 사람은 후생에서는 반드시 축생계나 지지리 가난한 사람으로 태어날 것이라고 풀이를 한다. 기독교에서는 모든 것은 하나님의 뜻이니 복을 받으려면 지금 고생을 하더라도 선행을 하면 천국이 너희 것이니라 한다. 둘 다 맞든 안 맞든 그 풀이 또한 종교적인 차원이고 인간은 누구나 지금 현재 당장 잘살았으면 하는 욕심이 있다.

어떻게 잘살 것인가? 어떻게 하면 이리도 힘든 운명의 굴레에서 벗어날 수가 있을까?

지금부터 열심히 노력을 해서 내가 갑부나 재벌이 될 수는 없을 것이고 판검사가 될 수는 없을 것이다. 하지만 운명의 뒤에는 나를 낳아주신 조상들의 면면한 줄기가 있다. 조상도 찾고 매달리는 사람에게 길을 알려 준다. 처음에는 안 보이고 안 느껴져도 바로 위의 우리 부모님은 별 볼일 없었어도 적어도 어떤 성씨를 소유한 사람이라면 당대 가장 잘살았던 조상님이 계실 것이다. 3대조가 되든 5대조, 7대조가 되든 나의 가장 잘나갔을 때의 조상 줄기를 찾아 매달려보자.

반드시 노력과 예우하는 만큼의 대가가 있을 것이다. 조상신들은 순진하고 자존심이 강하고 외곬이어서 즉각 반응을 나타내 주시는 경우가 대부분이다. 원하는 것을 원해 보자. 이루어질 것이다.

20 승진이나 관운이 좋은 사람은?

　관운이란 여자고 남자고 누구나 소유하면 명예와 우쭐함 때문이라도 놓칠 수가 없는 삶의 만족도 면에서는 최고의 명운이다.

　노력을 한다고 다 잘살 수가 없듯이, 노력을 한다고 다 높은 위치에서 떵떵거리며 호령을 해 볼 수가 있는 것이 아니다. 특히 남자로 태어나 세상을 호령하고 자기 마음대로 정치도 해 보고 수많은 사람들도 거느려 보고……. 어떠한 것도 이보다 더 좋을 수는 없다.

　하지만 아무리 잘난 사람도 도중에 꺾이거나, 아무리 노력을 해도 언제나 2인자거나, 아니면 남이 나보다 더 잘났다거나, 관운이나 승진의 뒤에는 늘 치열한 물밑 경쟁이 있다. 내가 아무리 잘났어도 나 아닌 부하의 실수로 낙마하는 경우도 있고, 내 운이 아무리 괜찮아도 둘레 참모진들의 운이 하나같이 나쁠 때는 대세라는 말만 믿고 방심을 하다가 허를 찔려 운을 그르치는 경우도 있다.

큰 관운일수록 훨씬 많은 사람들의 운세와도 연관성이 있다. 혼자만이 천운을 잡을 수는 없다. 더 복잡하고 다단한 운세들의 합심이 필요하다. 구의원, 시의원이나 국회의원, 대통령까지 넘보는 정치를 하는 야망이 있는 사람들은 절대로 혼자의 힘으로 마지막 성공을 이룰 수는 없다.

모르면 전문가에게 물어보라. 참모진 하나를 쓰더라도 갑이 나와 맞는지, 배신은 안 할지, 대운이 좋은지, 을이 좋은지를 물어보라. 누가 귀인인지를 물어보라. 권력은 재물보다도 더 승부수가 뻔하다. 승부에 지면 역적, 이기면 영웅이다.

끊임없는 운세의 검증, 대운을 이끌 수 있는 예지력이 있는 이들의 포진, 조상신들의 강력한 힘의 줄기를 받을 때 대세는 이뤄진다. 마치 영화 〈E.T.〉에서 한 줄기 하늘의 빛이 ET의 손가락과 연결되어 우주인과 지구인이 교감을 이루듯이, 인간의 관운에 대한 욕망이 조상신들의 욕망과 한 줄기 빛을 이룰 때 큰 대세를 이룰 것이다.

21 재운이 왕한 조상과 관운이 왕한 조상은?

조상신을 연구하다 보면 각 성씨마다 재물운이 왕한 성씨의 조상이 있고 관운이 왕한 성씨의 조상이 있다. 재물운이 왕한 조상은 주로 문관(文官) 줄기이고, 관운이 왕한 조상은 무관(武官) 줄기가 강하다.

문관 줄기는 학문이나 덕망이 높고 칼보다는 글이나 문장으로 이름을 날린다. 치국 또한 앞의 선인들의 덕을 받들어 민생을 보살피며 잘 먹고 잘 사는 쪽으로 신경을 많이 쓰고 학문과 지, 예를 중시하던 조상이다.

무관 줄기는 일단은 국가의 안위이다. 외래의 침범으로 나라를 지킴이 우선이고, 학문이나 공부보다는 민생의 치안과 질서가 우선이다. 평화를 우선시하여 민중이 안심하고 생업에 종사할 수 있게 보호하고 지켜주는 역할을 하던 조상이다.

각 조상신들은 기질이 있다. 문관 줄기는 똑똑하고 영민하고 유순한 대신 자신들의 고집을 관철시키는 학문적 뒷받침이 있다. 그러나 무엇이든 자신들의 주장이 이론적으로 타당하고 옳다는 생각에 현실감이 떨어지고 정적이어서 탁상공론인 경우가 많다.

무관들은 오직 국가에 대한 충성심과 민생의 치안이나 보호, 질서유지 등등 나 아니면 안 된다는 독불성이 있다. 모든 것을 힘의 논리로 풀다보니 전쟁 시에는 두각을 나타내다가도 평화 시가 되면 오히려 과격한 행동이나 힘에 대한 견제로 내몰려 귀향을 가거나 억울한 누명을 쓰고 좌천되는 경우가 있다. 우직하고 한 가지 밖에 모르고 언변도 딸리니 이론적인 문관들을 이길 수는 없었을 것이다.

각 조상신의 특성을 알면 현생의 내가 가야 할 길이 보인다. 문관이든 무관이든 강력한 조상의 음덕이 핵으로 몰렸을 때 대박이다. 특히 관운이나 힘의 논리에서 야망이 있는 사람은 필히 한번쯤은 조상 줄기를 검증하고 넘어감이 성공의 지름길임을 잊지 말자.

재물을 최대로 누리는 방법은?

인간은 태어나서 죽을 때까지 돈으로 시작해서 돈으로 삶이 끝난다. 내 돈이냐 남의 돈이냐의 차이이지 나는 돈 없이 죽을 수 있다는 생각도 생각일 뿐이다. 연고가 없는 누군가가 물에 빠져 자살을 했다고 쳐도 결국은 남의 도움으로 시신이 옮겨지고, 화장이라도 했을 경우 국가의 돈이라도 쓰고 가게 된다.

삶에 꼭 필요한 돈을 누리는 방법은 두 가지가 있다.

능력도 별로 없고 잘 쓰지도 않고 저축심이 남달라 모으는 게 취미인 사람은 그렇게 돈을 알뜰살뜰 신처럼 모시며 살면 큰 부자는 아니어도 살아생전 너무 빈한하게 살지는 않게 된다. 그게 그 사람이 살면서 누리는 재물의 형태이다.

하지만 욕심 많고 능력도 좋아 벌기도 잘 벌어서 항상 주머니에 돈은 그렁그렁해 보이지만, 어떤 때는 쪼들려 빚도 내고 흥망성쇠가 심한 사람은 돈의 기쁨도 알지만 돈의 끔찍함도 아는 양면성을 경험하게 된다. 그런 사람은 늘 쾌락과 나락을 오가는 돈과의 게임을 한다.

돈이란 것은 일단 내가 이 세상에 살면서 잠시 잠깐 편리를 위해 빌리는 종이에 불과하다. 요즘은 종이도 아니고 한낱 플라스틱 카드에 불과하기도 하지만 삶의 매개체이다. 사고 싶은 것, 하고 싶은 것 이 모든 것이 지폐나 카드 한 장에 달려있으니 욕망의 신이 얼마나 잔인한가? 다 두고 가는데도 불구하고 아침부터 밤중까지 일하는 목적이 돈이 되는 현대인은 너무 피곤하다.

벌어도 벌어도 돈에 힘이 부치는 사람들은 이렇게 생각하라. 먼저 죽은 모 재벌은 그 많은 재산을 두고 원통해서 어떻게 눈을 감았을까? 재벌도 죽음 앞에서는 다 평등하다. 이 주머니에서 저 주머니로 하루도 수억 번을 오가는 돈의 천박함도 욕하면서 적어도 성실히 일하는 나는 돈처럼 천하지 않다는 것에 긍지를 가져라.

살아생전 누리는 내 재물의 최고치는 내 조상 음덕의 최고치와 같다. 자수성가를 했다 치더라도 종국에는 조상이 준 정신적 능력 때문에 성공했음을 인정하라.

관운을 최고로 이끄는 방법은?

뜻있는 곳에 길이 있다. '까마귀 노는 곳에 백로야 가지 마라'는 속담이 있다. 일찌감치 까마귀가 되기 위해서는 까마귀 노는 곳에 가면 된다는 역설이 성립된다. 만약에 까마귀가 깡패라든가 도둑이라든가 범죄자라고 하면 어릴 때부터 그쪽에서 놀면 그렇게 될 확률이 많다는 말인데, 사실 불우한 가정환경이나 폭력 속에 노출된 아이보다는 스스로가 까마귀가 되려고 의도한 사람이 더 밑바닥 인생을 사는 경우가 많다.

재물이 많아지면 관직은 저절로 따라오고, 관직이 높아지면 재물은 덩달아 따라오는 것이 재물과 관직의 상관관계이다. 재물보다는 적어도 관직과 명예에 관심이 있는 사람에게는 조건이 있다.

내가 관으로 승부를 보고 싶으면 두 가지 방법이 있다.

일단, 공부를 많이 해서 일찌감치 높은 관으로 진출하는 순탄한 방법이 있다. 둘째는 머리가 안 따라주는데 관에는 관심이 지대하면 관이 왕한 곳으로 가서 미리 산전수전을 다 겪으면서 그쪽에 흠뻑 젖어 사는 것이다. 소위 직업이 '정치가'인 사람은 애당초 정치가 목적이다.

관직은 꼭 머리 좋은 사람만 누리는 것이 아니다. 총명한 문관도 필요하고 우직한 무관도 필요한 것이 세상살이다.

경찰이 되고 싶은 사람은 경찰대학이든 경찰 시험을 봐서 기회를 엿보고, 군인장성이 되고 싶은 사람은 육사나 해사, 공사 등 높은 군인이 될 교육의 기회를 엿봐라. 특별한 결격사유가 없는 한 뜻있는 곳에 길이 있음을 알고 그대로 행동을 하라.

말만 나는 왜 관운이 없나 하며 행동을 하지 않는다는 것은 관운을 따질 자격조차 없는 것이다. 일단 길을 정하면 내 조상 줄기에 어떠어떠한 위대한 사람이 있었나를 찾아보라. 멀리 남의 조상에서 찾지 말고 내 성씨의 조상 중 가장 잘나갔던 직계조상을 찾아 공을 드려라. 찾지도 않던 후손이 갑자기 나를 찾으면 감격을 해서라도 가는 길을 알려주고 큰 복을 내려주는 것이 내 조상신이다.

24 귀인을 만나는 방법은?

세상을 살다보면 여러 가지 위기가 닥친다. 나 홀로 사고를 당해 위험에 빠지거나, 회사가 부도의 위기에 몰려 갑자기 돈이 필요하거나, 보증인이 꼭 필요하거나, 회생하기 어려운 질병 속에서 명의를 만나 낫거나 등등. 나 혼자서 해결할 수 없는 수많은 삶의 형태에서 누군가의 도움이 필요하고 내가 그 사람으로 인하여 도움을 받게 될 때 그 사람이 나의 귀인이 된다.

귀인(貴人)이란 귀한 사람이란 뜻이다. 귀한 사람은 흔하지 않기 때문에 만나기가 어렵다. 내가 찾으러 다닌다고 다 만나지는 것도 아니고 홀연히 하늘에서 내려오는 천사도 아니다. 인간의 인연을 '천라지망(天羅地網)'이라고 한다. 인간의 인연은 하늘과 땅에 쳐놓은 비단그물 같아 빠져나가기 힘들다는 뜻이다.

만나질 사람은 꼭 만나지고 안 만나질 사람은 항상 어긋난다. 좋은 인연으로 만나지는 사람도 있고 평생 원수처럼 으르렁거려도 내 주위를 맴돌다 가는 인연도 있다. 그 중 귀인은 나에게 도움을 주는 사람이니 인간의 힘으로는 더 만나기 어렵다.

하지만 조상신을 믿는 나는 봐 왔다. 너무나 힘들고 지쳐 어려울 때 아버지 산소라도 찾아가 "이제, 그냥 콱 죽어버릴까요!"라고 울며 매달리면 적어도 힘이 왕한 조상님들은 반드시 좋은 귀인을 붙여줘 그 위기를 빠져나가게 해 준다. 애 낳다 죽은 산모의 갓난쟁이는 젖 불은 이웃 아낙들이 유모가 되어 살 수 있게 도와준다. 이 또한 내 생명의 귀인이다.

내 조상이 부실한 사람은 평소에 인간 공덕이라도 쌓아라. 그 중의 누군가가 도움을 줄 것이다. 남의 조상이라도 어려울 때 도와준 고마움을 왜 모르겠는가? 귀인이란 이미 내 행동거지가 귀인을 부르는 자세가 될 때 내 앞에 나타난다.

25 인연이 좋은 사람, 나쁜 사람은?

　인간은 하루에도 수많은 사람을 접하고 만나고 섞여 살다 돌아간다. 일상 속에서 부딪히는 사람 중에서 어떤 사람은 보면 볼수록 자꾸 보고 싶은 사람이 있고, 어떤 사람은 너무나 싫어서 소름이 끼치는 사람도 있다. 이 모두가 개개인의 성향의 차이에서 비롯된다. 다른 사람에게는 너무나 자상하고 좋은 사람이 나에게만 유독 악하고 독하게 행동하는 경우도 있다.

　인간관계는 성격이나 궁합적인 면에서 안 맞는 경우도 있고, 아니면 좋아하면서도 학대와 폭력이 오가는 악연인 경우도 있다. 살면서 좋은 인연만 있으면 얼마나 좋겠는가? 하지만 삶은 그렇지 않다. 좋은 인연이 있을 때도 있고 나쁜 인연이 지속적으로 득세할 때도 있다. 섞여 살다가 가는 것이 인생이라고 보는 편이 낫다.

　치명적으로 삶에 위해가 가해질 때는 피하는 것이 최상의 방법이다. 돈이라든지 물질적 피해가 발생할 때는 전생의 빚쟁이었나 하는 생각으로 어느 정도는 마음의 위안을 삼는 것이 낫다.

천륜인 경우에도 꼭 좋은 인연만 있는 것도 아니다. 내 삶의 둘레터에서 얼쩡거리는 사람은 무능한 부모가 됐든, 속 썩이는 자식이 됐든, 돈만 꾸어 달라는 형제가 됐든, 내 인연이라서 내 임의대로 인연을 끊을 수는 없다.

물론 사회생활이라든가 내가 만든 집단에서는 인연을 떼고 붙이기가 그런대로 수월하지만, 남녀간의 문제는 쉽지가 않다. 악연이니 어떠니 가릴 새 없이 사랑이란 눈먼 화살이 꽂혀서 연분의 맨 처음이 내 선택으로 시작되기 때문에 되돌리기에는 늦어진 경우가 많다.

삶이란 수많은 질곡 속에서 그때그때마다 행복과 불행이 교차한다. 악연이라도 해도 그 악연을 깨우쳐 아는 그 순간까지는 그래도 행복하지 않았을까? 꼭 호연, 악연이 못 박듯 경계선을 그을 수 있는 것도 아니다. 그저 내 인연은 내 인연일 뿐이다.

26 삶의 처음과 끝이 다 좋을 수 있나?

인생은 고해라고 했다. 어디서 와서 어디로 가는지는 몰라도 누구나 삶은 쉽지 않다고 본다.

삶이란 죽음의 반대 개념으로 숨쉬고 먹고사는 것을 말한다. 단지 먹고사는 것인데 삼시세끼나 먹으면 될 것을 왜 사람들은 특히, 현대의 사람들은 이렇게 삶의 무게가 가면 갈수록 더 무거워져만 가는 걸까?

인간이 너무나 영리하다 못해 영악하다 보니 점점 잘살자고 하는 욕망이 수많은 물질들을 만들어낸다. 그러다 보니 점점 더 복잡해지고 그 만든 물질들의 폐기물은 환경오염과 지구온난화 등등을 만들어 내고……. 거창한 인류학자가 아니어도 사람들은 옛날 농번기 사회보다 지금이 더 살아가기 어렵다는 것을 안다.

이렇게 복잡한 사회 속에서 너무나 안락하고 잘 먹고 잘 살기만

하고 아무 일도 없이 자신의 천수를 살다가 가는 사람이 있을까? 이 또한 상대적이다. 내가 행복하고 평생을 안락했다고 믿는 사람도 개중에는 있겠지만 대부분의 사람은 파란만장함을 스스로 느끼며 산다.

돈이 있으면 질병이 있고, 자식이 잘되면 남편이 안되고, 다 좋다고 느끼면 횡액이 찾아오고, 행복하다고 느끼는 순간 마가 끼고, 날 너무나 사랑하여 한백년 같이 살 것 같았던 남편은 나를 두고 먼저 죽어 이별의 고통을 남기고, 복잡다단한 삶의 처음이 너무 좋았는데 나중까지도 죽 좋다는 건 단지 자신의 착시 현상이다.

인생은 파도타기이고 새옹지마이다. 좋을 때가 있으면 나쁠 때도 있고, 나쁠 때가 있으면 좋을 때도 있다. 개개인이 느끼는 행복의 정도는 달라도 삶의 질은 거기서 거기다. 누가 더 나은 삶이고 누가 더 빈천한 삶인가의 잣대는 없다. 그것을 심판할 이조차도 없다.

누구나 그냥 살다가 다 두고 가는 것이다. 죽음 앞에서 비로소 사람은 평등함을 느낀다.

27 현생을 잘사는 방법은?

늘 사람들이 삶의 이율배반 때문에 고민하는 점은 다음과 같다. 잘 먹고 잘 살자는 욕망은 살아있는 동안에는 끊임없는 진행형인데도 불구하고 왠지 정말 어느 순간에 잘살게 되었을 때는 죄의식이 생긴다.

부자는 천국가기 힘들다는데 잘살아도 되는지, 나보다 힘든 남을 위해 봉사와 희생을 하지 않으면서 호의호식해도 되는지 등등. 항상 사람들은 태어나서 죽을 때까지 내가 남보다 낫기를 그렇게도 원했건만 실상 그래 보이면 맘속으로는 주눅이 들면서 내가 잘살고 있는 것에 대한 막연한 두려움을 갖게 된다. 지금 이런 무풍지대 같은 삶이 어느 순간에 무너져내려 망가지지 않을까, 갑작스런 사고나 죽음이 찾아오지나 않을까 하는 점 등등.

내가 추구하는 현생을 잘사는 방법은 다 같이 잘사는 것이다. 내가 잘살려고 하는 마음을 갖고 노력하고 열심히 살아서 잘살게 되고, 남도 잘살려고 노력하고 애써서 잘살면 결국은 나와 남이 잘살고 모두가 잘사는 세상이 되지 않을까 하는 생각이다.

물론 이론적이고 현실적으로는 불가능한 발상일 수도 있다. 하지만 그래도 잘살고자 하는 현실적 욕망이나 바람을 마치 죄짓는 것처럼 생각해 무욕이나 무소유로 적당히 살아간다고 하는 것은 생명체로 이 땅을 태어나 살아가는 인간으로서의 권리나 의무를 다 하지 못하는 것이란 생각이 든다.

죽음이 아닌 살아생전의 복록이란 '지금 잘사는 것이다.' 어떻게든 나 자신이 잘살아 그 남는 여력으로 남을 도우며 살다 갈 수 있을 때 그 삶은 삶의 의미를 다하는 빛이라고 본다.

28 삶의 의미 있는 마무리는?

　인간은 누구나 태어나면 죽는다. 이 명제가 있는데도 불구하고 현생에서의 삶은 치열한 경쟁 속에서 권력과 돈 때문에 날마다 힘들고 시끄럽다. 참을 수 없는 현실의 괴로움 때문에 어차피 죽을 목숨인데도 스스로가 자신을 죽이는 자살을 선택하기도 한다.

　무엇인가를 갖고 싶다, 하고 싶다, 먹고 싶다 등등의 인간 욕망 중에서도 가장 으뜸이 재물욕, 권력욕, 성욕이다. 왜 가지지 못하면 그렇게 원하는 부분이 많은 걸까? 욕심이라는 것은 꼭 배제해야 될 인간의 나쁜 속성으로 치부하면서 왜 낙타가 바늘구멍도 통과하기 어려운 부자들은 그렇게 다들 되고 싶어 하는 걸까? 왜 예수님이나 부처님이나 성인들께서 하지 말라고 하는 것들은 그렇게 하고 싶고 좋은 걸까? 그것이 인간이 이 세상에 갖고 태어난 오욕칠정 몸뚱이의 정체이고 욕심과 욕망과 선과 악이 공존하는 복마전 같은 인간의 내면이다.

  욕심은 삶을 살아내는 원동력이다. 욕심은 갖되 선에 위배되지 않고, 욕망은 갖되 일궈낸 것에 대한 보시를 하게 하고, 죽기 전에 내가 해야 될 것은 욕심과 욕망으로 일궈낸 삶의 부분을 다시금 사회로 되돌리는 일이다.

  누구나 죽음의 문턱에서는 욕심도 없고 물욕도 없어지고 삶이 후회되고 모든 것이 부질없다는 것을 깨우친다. 하여 죽음의 마지막 순간에 모든 재산을 사회에 환원하거나 종교단체에 기부하거나 하는 갑작스런 행동으로 자손을 놀라게 하는 사람들이 많다.

  물론 좋은 일이다. 하지만 내가 두고 가는 재산이나 삶의 찌꺼기들은 온전히 내 것이 아니다. 내 조상이 준 재산이고 내 자손이 자자손손 잘 살기를 바라는 마음이라면 보다 의미 있는 기부를 하라고 하고 싶다. 하다못해 나보다 먼저 사고로 세상을 떠난 내 자식의 이름으로 장학금을 희사하거나, 병으로 일찍 세상을 떠난 내 동생의 이름으로 장애인복지재단에 기부하거나 등등. 후손을 생각한다면 기부조차 의미 있게 하라고 말해 주고 싶다.

29 조상신은 현생의 화두인가?

인간이 잘살고자 하는 욕망이 있는 한 세상살이는 늘 만만치가 않다. 풀어야 할 숙제도 많고, 해야 될 일들도 많고, 선택의 기로에서 암담한 마음으로 어찌해야 될지 모를 때도 많고, 그 많을 것 같은 조언자나 협력자들도 내가 어려울 때는 어느 한순간에 다 없어져 고립무원의 마음으로 내몰리기도 하고……. 인간이 고독하다는 것을 느끼는 순간 쓸쓸함이 밀려온다.

어찌 살아가야 될 것인가? 어떻게 이 문제를 해결해야 될 것인가? 어떻게 하다가 안 되면 죽어버릴까? 죽자니 자식이 밟히고 살자니 삶이 너무 고달프고, 어떻게 해야 하나?

각자의 삶에 있어서 중요한 문제는 지극히 개인적인 문제이다. 남에게는 하찮은 일이 나에게는 삶을 내동댕이칠 만큼 힘들고 어려운 문제일 수도 있고 도저히 헤쳐나갈 수가 없다는 절망에 삶이 꺾인다. 꺾인 삶은 조상들이 가장 끔찍하게 생각하는 악행이다.

마지막이라고 생각하는 순간에 다시 한 번만 뒤돌아보라. 입장을 바꿔 내가 남겨진다면 남겨진 자의 고통이 어떨까 하고 한 번만이라도 상상해 보라. 힘들고 어려울 때 다시 한 번만이라도 부모님을 생각하라.

의지할 수 있는 대상 중 가장 현실적인 답을 내주시는 분들은 나를 이렇게 험난한 세상에 살아가게 낳아 주신 조상님들이다. 왜 기를 쓰고 나는 이 땅에 태어났는가, 왜 내 조상들은 나를 이 땅으로 보내 이 고생을 시키는가, 원망도 하고 책임지라고 떼라도 써 봐라. 분명 삶의 답은 있을 것이다.

고통이나 고난의 끝은 있다. 삼라만상도 꽃피는 봄이 가면 뜨거운 여름이 오고 열매 맺는 가을이 가면 눈 내리는 겨울이 온다. 차가운 대지 속에는 이미 다시금 봄을 움트는 새 생명이 자라고 있다.

내 인생도 사계의 흐름과 다름없다. 조상신만이 힘든 내 삶의 화두임을 놓치지 말자.

30 종교는 삶의 마지막 화두인가?

 조상신을 잘 모셔 그런대로 횡액도 잘 피해갔고 재물도 쓸 만큼은 모았고 자식농사도 그런대로 잘 지어 근심 걱정이 줄어들다 보면 노년이 된다. 삶의 후반으로 치달으면 이제는 잘사는 것이 문제가 아니라 서서히 죽음이라는 그림자에 대한 두려움과 공포가 스멀스멀 엄습한다.

 삶이 화려하고 멋있고 아주 잘 지은 밥처럼 보였어도 마지막 죽음에 대한 부분은 조상님들도 어쩔 수가 없는 부분이다. 이제는 다 잘살았으니까 빨리 내 곁으로 오라는 조상들은 없다. 어찌 되었든 개똥밭에 굴러도 이승이 좋으니 그 삶을 최대한도로 쓰고 오라고 말씀들을 하신다.

 하지만 두렵고 외롭다. 내 부모님이 돌아간 곳인데도 알지 못하는 사후세계는 공포의 곳이다. 인간 삶에서 60세가 넘어가면 종교를 가지라고 말해 주고 싶다. 왜냐하면 이 또한 잘사는 삶의 연속이기 때문이다.

불교를 전부터 믿던 사람이면 그 종교를 죽 믿기를 바란다. 개신교를 믿던 사람들은 그 종교를 죽 믿기를 바란다. 천주교를 믿던 사람들은 그 종교를 죽 믿기를 바란다. 종교고 뭐고 나는 나를 가장 사랑하는 내 부모 조상신을 믿겠다면 그렇게 죽 믿고, 아무것도 안 믿고 지금도 그럴 마음이 없다면 아무것도 안 믿기를 바란다.

대신 오랫동안 믿던 종교를 하루아침에 확 바꾸는 것은 절대로 하지 말라고 충고해 주고 싶다. 내 종교는 내 종교이다. 부모님과 형제와 종교가 달라도 오랫동안 믿던 종교는 바꾸지 마라. 종교 상충이 일어나면 그나마 행복했던 삶이 하루아침에 엉망진창으로 마감되는 경우를 많이 봐 왔다.

어차피 행복은 평생을 살든 죽든 만인의 화두이다. 내가 행복하면 남도 행복해 보이고 만인이 행복하면 세상이 다 행복해 보인다. 행복한 가운데 사후세계로 넘어가면 그 또한 행복한 죽음을 찾아가는 완벽한 삶인 것이다.

제2부

다음과 같은 소리를 들은 사람들은 꼭 읽어보길!!

무당이 된다는 소리를 들었나요?
스님이 된다는 소리를 들었나요?
성직자가 된다는 소리를 들었나요?

01 신(神)과 조상신(祖上神)의 차이점은?

　내가 말하는 '신(神)'은 절대적이고 포괄적이고 이미 인간의 경지를 완전히 벗어나 희로애락이란 부분이 소멸된 근접할 수 없는 신을 말한다. 예를 들면 예수님이나 부처님, 무함마드 등 이미 세계 3대 종교의 반열에 들어선 분들, 어떠한 대항으로도 그분들의 경지를 따라갈 수 없는 절대신을 말한다. 이 신들의 특징은 인간이 갖고 있는 욕망이나 욕심을 버리고 절대선(善)을 향해 살다보면 천국도 극락도 갈 수 있다는 사후(死後)세계를 보장해 준다. 하지만 인간이란 이미 오욕칠정의 덩어리로 신(神)과는 확연히 다른 신분으로 이 세상에 태어나 '삶'이란 생을 살다가 간다.

　인간들이 자신들의 욕망으로 잘 먹고 잘 살고 무언가 끊임없이 "해 주세요!" 하고 부탁을 하고 어리광을 부릴 때 가장 먼저 나타나 귀를 기울이고 들어주려고 애쓰는 분들은 그 사람의 '조상신'이다.

이를테면 내가 김씨고 우리 엄마가 한씨라면 김씨, 한씨 조상이 가장 먼저 그 사람이 원하는 부분에 귀를 기울이고 들어주려고 애쓴다는 얘기다.

즉, 신들은 사후세계를 보장해 주고, 조상신들은 살아생전의 복록을 위해 고군분투하고 있다고 보면 맞는다. 조상신들은 우리 인간과 마찬가지로 희로애락, 욕망, 욕심을 그대로 갖고 있는 생신(生神)이라고 보면 된다.

02 센 조상신과 약한 조상신이 있나?

　인간은 누구나 부모가 있다. 즉, 어머니와 아버지가 없이 이 세상에 나오는 사람은 아무도 없기 때문에 조상신의 계열로 말하자면 두 성씨의 영향을 받는다. 이씨 아버지와 김씨 어머니의 자식은 이씨, 김씨 조상신의 도움과 보살핌을 받는다. 두 성씨 중 한 성씨가 강하고 한쪽 조상이 약해도 강한 조상 쪽으로 공을 드리다 보면 그쪽 조상신이 도와준다는 것을 확연히 알 수가 있다.

　예를 들면 이씨는 양반이지만 몰락한 지 오래되어 선비의 면모만 겨우 있고, 모계의 김씨 조상은 바로 앞 세대까지 만석꾼의 떵떵거리던 조상의 줄기라면 모계 쪽 조상 줄기를 찾아 공을 드리다 보면 잘 먹고 잘살 수가 있다는 걸 확신한다.

　만약에 재물하고 상관없는 조상 줄기인데, 관(官)이 높았던 조상 줄기가 바로 가까이 있었다면 오히려 물질적으로 잘사는 것보다는 학문이나 관직 쪽으로 높은 줄기를 잡아 복을 주는 것도 조상신의 역할이다. 한쪽 조상이 처지면 한쪽 조상에게 부탁까지 하는 조상신도 여럿 봤다.

조상의 힘이 대등하게 높으면 현생에서도 잘 먹고 잘 살 수가 있고, 조상의 힘이 낮고 처지면 현생에서도 그저 그렇게 살거나 빈궁하거나 하다.

예화

강서구 쪽에서 양복점을 수십 년 한 최씨는 오랜 세월을 성실히 살았지만 몸도 약하고 신수가 어떤가 궁금하여 안동김씨 부인이 나를 찾아왔다. 안동김씨 부인의 오빠와 협력하여 빌딩도 짓고 잘나가는데 몸이 아프다는 것이다. 최씨 운으로 볼 때는 수명도 짧고 악운인데 빌딩까지 지어 재물이 왕한 게 너무 이상하였다. 천수가 가까워져 죽을 운이라고 하니 평생 고생만 한 남편인데 이제 살 만하니까 죽으면 안 된다고 애원하였다.

신사를 앞둔 당일 새벽 3시경 내가 꿈을 꾸는데 웬 선비 같은 남루한 옷차림의 사람들 서너 명이 둘러앉아 반찬도 없이 내집의 멀건 미음을 떠먹고 있었다. 당일 신사 때 접신된 최씨 조상들은 "우리가 전생에 선비네 집안이었어도 재물도 없고 명도 짧으니 안동김씨 사돈네의 힘으로 연명을 해 복록을 주면 큰 은혜로 알겠습니다." 하면서 읍소하였다. 바로 새벽에 본 사람들이 최씨네 조상들임이 분명했다. 평생 착하고 법 없이도 살아온 자손에게 현생의 잘나가는 안동김씨네의 복록을 함께 나눠 갖게 해 주고 싶은 가난한 선비 조상들의 음덕이 내 꿈에 생생히 나타나 전달을 한 것이 아닌가 싶다.

  신사 후, 상가집이라면 그렇게 죽어라고 쫓아다니던 최씨 남편은 초상집은 가려서 가기 시작했다. 또 마누라 말은 청개구리같이 잘 안 듣던 쌈닭 같던 사람이었는데 고분고분해졌다고 해 웃은 적이 있다.

03 조상신과 귀신의 차이점은?

조상신은 말 그대로 그 사람의 아버지와 어머니 쪽 두 성씨의 직계 조상님들을 말한다. 귀신은 일상적으로 말하는 수많은 죽은 사람들의 잡신을 말한다.

조상신은 근본과 뿌리가 있어 자신이 낳은 자손에 대한 책임과 의무가 있어 보살펴주거나 애정을 가지고 있는 신들이고, 사람이 죽어서 된 귀신이라는 의미는 계보나 뿌리가 불분명하고 의지가 없는 비렁뱅이서부터 외톨이 귀신, 사귀 등 여러 가지로 질이 다르다고 보면 된다.

나는 돌아가신 남의 조상님들을 수없이 만나본 사람이다. 조상신들에 대한 최대한의 예를 갖춰 그분들이 원하는 부분을 들어주고 풀어주고 귀를 기울임으로써 반드시 그 자손에 대한 애정의 답례를 하는 것을 수없이 봐 왔다. 누구나 조상신의 눈높이를 맞춰주고 원하는 부분을 충분히 채워준다면 그 대가는 엄청나다는 것을 말해주고 싶다. 왜냐하면, 조상신이란 '나'라고 하는 사람을 이 세상에 있게 해 준 실체이고 자신들의 분신인데 어떻게 그 자손에 대한 애정이 절대적이지 않을 수 있겠는가? 조상신을 예우하고 믿으면 인간사가 안락해지고 더 나아가 잘 먹고 잘 사는 첫째 지름길임을 잊지 말았으면 한다.

예화 1

면목동의 신 여사는 어린나이에 엄마가 재가를 하면서 한 살 위의 배 다른 오빠가 있는 집으로 와 같이 살게 되었다. 그런데, 아마도 그 오빠가 신 여사를 짝사랑하였나 보다. 나이 스무 살 때까지 오순도순 잘 지내었는데 어느 부슬부슬 비가 오는 날 밤 헛것이 잘 나타난다는 저수지 길을 지나다가 오빠가 그만 물에 빠져 죽고 말았다. 귀신에 홀린 듯 시신의 모습이 무엇과 심하게 싸움을 하다가 죽은 듯 험악했다고 한다.

그 후로 신 여사는 결혼을 했고, 이제 나이가 오십이 넘었다. 적어도 삼십 년 동안 그 오빠는 어쩌다 한 번씩 꿈에 나타나는데 그 오빠가 나타나면 꼭 부부싸움을 하거나 시비수나 손재수 등 안 좋은 일이 일어났다. 몇 번인가 푸닥거리도 했나본데 늘 그때뿐 마찬가지라고 해서 이제는 귀신하고 친해지는 방법도 터득을 했다. 즉, 그 오빠가 꿈에 보이면 "오늘은 운수가 안 좋은 날일 거야"라고 예견까지 하는 습관이 생겼다고 하였다.

적어도 근본이 있는 조상신들은 좋고 나쁜 것을 같이 예견한다. 자신의 분신인 자손에게 위해를 가하거나 나쁜 의도로만 나타나는 경우는 없다.

아무리 한 많은 세상을 살다가 갔어도 한 번이든 두 번이든 대접을 해 주면 반드시 그 보답이나 사랑이 지극한 일이 일어난다.

예화 2

십수 년 동안 내 법당은 가락시장과 강남을 오갔다. 약사여래 신의 도움으로 사람도 만지고 사주도 보고 수많은 세월을 걸립 보시를 하고 다닐 즈음, 수산시장의 박씨는 나이 50살이 넘도록 항상 등을 새우처럼 구부리고 잠을 잤다. 편히 누워 잘 수가 없도록 옆허리가 끊어지게 아팠지만 병명은 디스크도 아니라며 제법 아는 소리도 하니 무병이 아니냐고 하였다.

나를 찾아와 살피니 귀신이 그 사람의 옆구리에 찰싹 달라붙어 있었다. "누구냐?" 하니 7년 전 자살로 돌아가신 고모님이라고 했다. 같이 쫓아온 부인도 전혀 모르는 일이었다. 내 조상이라 하기에는 귀신의 역할이 더 심했던 그 고모는 천도 후 편안히 떠나갔다. 그 후 박씨는 몇 년 만에 처음 허리를 쭉 펴고 편히 잘 수 있었다며 고마워했다.

아는 소리를 좀 하니 내림을 받으면 어떠냐고 물었다. "이제 나이 50세가 넘어 무슨 영화를 보자고 섣부른 박수가 될 것인가?" 안 된다고 하였다. 지금도 수산시장에서 열심히 일하며 잘살고 있다.

04 조상신, 귀신, 사람 중 누가 높은가?

흔히, 사람들 중 종교와 관계되는 직업을 가지신 분들, 무속인이나 스님, 목사님들 또는 귀신이나 잡신을 퇴치할 수 있는 능력이 있다는 분들이 가장 오류하기 쉬운 부분이 내가 귀신보다 높다는 생각이다. 내가 이러이러한 방법을 동원해서, 주술이나 아니면 내가 믿는 신의 도움으로 귀신을 물리쳤다고 볼 때 잠시 착각으로 귀신을 우습게 보는 경향이 있는데 천만의 말씀이다.

이미 '신'이라는 이름을 듣는 신들의 세계와 인간세계는 완연히 다른 세상이다. 신의 세계는 '영(靈)'의 세계이고 인간의 세계는 '육(肉)'이 존재하는 세계인데 그 부분이 혼돈되면 자칫 신의 세계를 넘나들며 약한 신 정도는 인간의 힘으로 얼마든지 다스릴 수 있다고 착각을 한다.

신 중에는 좋은 신, 나쁜 신 등 여러 종류의 신이 있어서, 해코지가 있는 귀신 정도는 인간 맘으로 확 다스리고 싶지만 만약 그렇게 해서 원위치 시켰다 하더라도 인간과 신은 근본이 다르고, 귀신 중 아무리 낮은 귀신도 함부로 하거나 밑으로 내려다보면 반드시 작은 화라도 입을 확률이 높다.

험한 귀신, 원한이 있는 귀신, 천한 귀신조차도 다 인간보다는 높다. 근본적으로 인간이 죽어 된 귀신에 대한 예우 없이는 살아생전의 개운도 없다.

예화 1

제기동에 살던 서씨는 자린고비처럼 살며 아들 형제를 열심히 키우다 49세의 젊다면 젊은 나이에 암으로 사망하고 말았다. 그나마 살아생전 지니고 있었던 집과 재산은 처형이 빚보증을 서 다 날리고 말았다.

지난 봄 새벽 3시 50분경 꿈을 꾸는데 생전 처음 보는 성질 고약하게 생긴 사람이 나타나 내 법당의 책상을 주먹으로 탕탕 치며 "만신이 내 새끼들 보살펴 준다고 하지 않았소? 나는 누구누구 김씨 아줌마의 동생의 남편이요!" 하며 자신의 가슴을 주먹으로 두드렸다. 깜짝 놀라 깨 새벽장사를 하는 김씨 아줌마에게 즉시 전화하니, 놀래서 "아이구, 우리 서 서방이네!" 하며 지은 죄가 있어서인지 즉각 신사를 하였다.

청하지도 않은 여동생이 함께 왔는데 속옷을 밑짝만 사와 내가 당장 위짝도 사오라고 갑자기 야단을 쳤다. 실은 속옷을 사오라고 한 적도 없고 돈도 언니가 내는데, 그리고 언니와 함께 오라고 한 적도 없는데 말이다.

신사가 끝난 후 큰아들에게 전화를 하니 안 받아 이상하다고 하였다. 그 후 들으니 그날 신사하던 시간 낮 3시경에 아들이 택시를 타고 가다가 접촉사고가 나서 병원에 입원을 하였는데 이상하게도 목 위쪽만 가볍게 다쳐 그나마 다행이라고 하였다. 그 아들은 삼재 중으로 사고수가 심한 달이었는데 어떻게 아버지가 알아서 내 꿈에 나타나 억지로 호통을 치며 신사를 받아드셨는지 모르겠다.

예화 2

태어난 성씨나 조상, 근본도 모르는 고아로 자란 아무개는 공동묘지 근처에 집이 있어 울적할 때마다 그저 모르는 영혼들을 위해 그 묘지에 가서 술도 따르고, 과일도 먹기 전에 한번씩 올려놔 보고, 나중에는 밥을 여남은 그릇씩 수북이 해 놓고 맘속으로 공을 드렸다. 조상이 누군지도 모르고 성씨조차도 김씨인지 박씨인지도 모르는 아무개는 나중에 큰 부자가 되었다.

야사 같은 이 얘기는 그냥 웃어넘길 일이 아니고 맘에 새겨 생각해 봐야 될 일이다. 내 조상이 누구인지 모르는 천애고아라도 윗대를 거슬러 올라가면 한 할아버지 단군의 자손이다. 이북에서 급히 피난을 와 돌아가신 부모님의 제삿날을 모르는 우리 시아버님은 부모님의 생신날 제사를 지내드렸다. 어떻게든 조상님께 공 드리는 방법이나 이유는 다 생긴다.

모르는 귀신도 공 드리면 도와주는데 하물며 나를 낳아준 조상신이야 오죽하겠는가?

05 조상신은 인간보다 순진한가?

사실 오랫동안 각 조상신을 불러 예를 갖추고 밥 한 끼라도 해 드리고 자손의 복록을 빌어주는 동안 느낀 것이 조상신들은 너무나 착하고 순진하고 경우가 바르며 공짜 공덕은 아주 미안해 한다는 것이었다. 물론 이 땅의 단군 혈육들의 심상이 착하고 남의 나라 침략도 안 하고 평화와 은근과 끈기가 있는 건 알지만, 그래도 이 순수한 백의민족의 혈통이 면면히 이어져 내려오고 있단 생각에 맘이 행복해진다.

만석꾼 자손은 만석꾼 자손대로 돈이 많으니 철철이 먹고 마시고 놀기를 좋아해 대접하고 놀아주면 제일 좋아라 하시고, 관직이 높아 떵떵거리며 호령하시던 조상들은 그저 머리 조아려 대접하고 자손이 제사 잘 지내주고 손자가 공부라도 잘해 시험에 합격을 하면 더 바라는 바가 없다. 따라서 자손이 귀한 경우 제일 야단을 잘 치신다.

제가집 중 살아생전 사이가 안 좋았거나 죄를 지은 게 많거나 돈이 없단 핑계로 49제도 안 지내주고 조상공도 거의 안 드리는 경우가 있다. 그런 경우 내가 살아생전 섭섭히 돌아가시거나 신기가 왕하신 조상은 대신 제삿날을 알아서 그 조상을 불러 밥이라도 한 끼, 술 한 잔이라도 올리고 옷이라도 한 벌 해 드리면 반드시 그 조상들은 내게 먼저 보답을 한다.

예화 1

덩치가 남산만하고 눈도 부리부리한 전 여사는 내게 수많은 손님을 소개해 주었는데 마치 깃발 든 장군의 풍모였다. 본인도 신기가 세어선지 남들이 전 여사의 말이라면 늘 믿고 따랐다.

재작년 말 역시 건장한 체구의 여든셋의 신씨 시어머니가 돌아가시며 꼭 한 번만 더 맏딸의 얼굴을 보고 싶다고 하였다. 그저께 봤는데 오늘 아침에 또 오겠냐만 "이따 오겠지유!" 하며 달랬다. 화장실까지 스스로 다녀온 할머니의 몸을 슬슬 쓰다듬으며 "이제는 편히 돌아가세요." 하니 서서히 다리 밑서부터 몸이 차져갔다.

진오귀를 하는데 "저 년이 내가 에미 얼굴 한 번 더 보고 싶다고 했는데 내 다리를 쓰다듬어 날 보냈어!" 하며 억울해 하셨다. 전 여사는 살 만큼 살다가 가셨는데 하며 콧방귀도 안 뀌었다. 그 후 정확히 15일 후 갑자기 주무시던 전 여사의 칠순 친정어머니가 심장마비인지 몸이 퉁퉁 부은 채로 돌아가셨다. 어이없는 줄초상에 아연 실색들을 하였다. 아무리 천수를 누릴 만큼 사시다 가셔도 망자의 원혼은 늘 있는 법이다.

그 후, 1년 뒤 신씨 할머니의 제삿날 나 혼자 술에 밥에 대접하며 원혼을 위로해 드렸다. 뒤미처 신씨들의 신사가 연이어 왔다. 만신의 공짜 제상은 싫으셨을까. 지금도 건장한 신씨 할머니의 모습이 아른거린다. 계속 제사를 잘 지내드리고 싶다.

예화 2

시장의 조 여인은 남편이 쉰의 나이로 암에 걸려 사망을 하였다. 남편이 오랜 병중에 있을 때 밖의 남자를 만나고 다녔다. 고생만 하다가 죽은 윤씨 남편은 죽은 뒤에도 제사를 제대로 받아먹지 못한 게 분명했다. 자식 문제로 찾아와 제삿날을 안 내가 혼자 쓸쓸한 영혼을 위해 술과 밥을 해서 원혼을 위로해 주니 나오셔서 한 말씀 하셨다. "내가 일찍 가 아이들 셋을 키우는 애엄마에겐 미안하오. 맏딸아이한테 남자나 조심하라고 전해주구려!" 했다. 나중에 그 말을 전하니 "아유! 어린애들이 연애질밖에 더하겠어요?" 했다. 그 후 6개월 뒤 살이 너무 찐 줄 알고 병원에 갔더니 애기라고 해서 어이가 없었단다. 스무 살 맏딸은 야유회를 갔다가 뜬금없는 남자의 아이를 배어서 딸을 낳으니 지금은 친정엄마가 키우고 있다.

나는 바로 다음날부터 다른 윤씨 성들이 찾아와서 신사를 의뢰했었다.

귀신이든 조상신이든 공덕조차도 공짜는 싫어하고 부담을 느끼니 순진하달 밖에. 다급한 한마디 공수를 잘 새겨들었으면 어땠을까 싶다. 따라서 자신들의 존속이나 직계들이 스스로 우러나서 공을 드려주면 가장 좋아하고 더 큰 복록을 준다는 것은 자명한 일이다.

06 조상공덕은 외상은 안 되나?

많은 사람들이 흔히 하는 말이 있다. 지금은 돈이 없으니 적은 돈만 내고 조상공을 드려달라거나, 내가 나중에 크게 잘되면 보살님께 잘하겠으니 외상으로 공을 드려달라는 말이다. 아마도 무속에 종사하는 사람들이 늘 듣는 말일 거다.

예전의 나는 내가 맘에 드는 사람, 형제처럼 언니동생하며 친한 사람, 심상이 너무 착하지만 너무 없는 사람, 불쌍한 사람, 아픈 사람들을 위해 정말 외상이나 거저라도 공을 드려주고 제살(除殺)을 시켜주면 잘살 줄 알았다.

하지만 신의 세계는 순진한 반면에 아주 냉정하다. 죽고 사는 문제나 흉살 정도는 빠져나오게 해 주기도 하지만, 왜냐하면 그건 목숨과 관계되고 생사가 걸린 일이니까, 하지만 더 잘 먹고 잘 사는 일, 더 부자가 되거나 남보다 나아지는 일 등 인간의 욕심과 관계되는 삶에서는 공짜나 외상은 어림도 없다. 이 부분이 인간 성정 중 배려나 봐주기가 신의 세계에서는 오히려 안 통한다는 것이 나도 신기하다.

예를 들면 교회를 다니는 사람들도 십일조니 주일헌금이니 해서 한 해에 교회에 내는 헌금만 수십 번인 걸로 알고 있다. 어떤 신도가 장사하던 가게를 팔았는데 그 보증금에 대한 십일조는 할 것이고 권리금에 대한 십일조는 내야 되는가 하는 것을 내게 문의한 적이 있다. 글쎄, 지금의 내 생각은 내는 것이 더 많은 복록을 받게 해주지 않나 싶다. 높으신 신들도 그러한데, 하물며 하계신들의 갈망이야 더하지 않겠나? 일단은 받고서 잘해 주는 게 순진한 게 아니면 뭔가. 애들처럼.

예화

몇 번씩 신사를 해서 잘 아는 안 여사는 56평짜리 새 아파트를 분양받아서 이사를 앞두고 있었다. 새 집으로 이사 가니 나쁜 액운을 풀어주고 이사 탈이 없게 해달라고 해서 실비만 받고 일을 해 주기로 했다. 신사당일 분명 신사돈이 없지 않을 텐데 반은 나중에 주겠다는 전화가 왔다. 그 전날 잠을 설쳐서 신사를 앞두고 한 시간 전 깜박 잠이 들었다. 꿈에 갑자기 내가 자갈밭을 걷는데 너무나 발바닥이 아파서 깜짝 놀라서 깼다.

신사를 하는데 저승사자들이 그 집 앞에서 두 명이 졸다가 말다가 꽹과리 소리를 울리며 술을 먹이면 저쪽으로 갔다가 다시 오고, 가고 오기를 반복했다. "이번에는 꼭 잡아가야 되는데 자꾸 꽹과리 소리랑 술이 우릴 꼬시네!"하며 비틀비틀했다. 순간 맘이 섬뜩했다.

집을 지어서 이사 가는 호운이 아니라 대주 수명이 오히려 위험지경인 해인데 이런저런 생각이 없었던 건가? 정말 형편이 어려운 사람이었다면 그런 꿈은 안 꾸었을는지 모른다. 하지만 잘살면서도 인색하게 했던 부분이 조상들의 심기를 건드렸을까? 웬만하면 조상들에 대한 예의는 완벽한 성의가 중요하다. 무슨 이유에서 건 트더지가 나면 그 신사의 공덕도 반감되는 경우를 많이 봤다.

07 조상공은 크게 한 번이 좋은가, 작게 여러 번이 좋은가?

큰 조상은 크게, 작은 조상은 작게라는 말이 여실히 증명되는 게 조상신들의 세계다. 만약에 큰 선거전을 앞에 두고 있거나 시험이나 고시 등 남과의 경쟁을 앞에 두고 있는 경우는 크게 한 번 해 주는 것이 좋다. 큰 땅을 매매해야 하거나, 큰 집을 팔아야 하는 경우도 크게 한 번을 더 좋아한다. 상대방이 있을 때나 큰 덩어리는 그쪽 조상보다는 이쪽 조상의 힘을 더 싫이줘야 하고 터줏대감들을 부려야 하니까 말이다.

하지만 일상적인 작은 일에 대한 바람이나 연초에 그저 아무 일 없게 해 달라는 조상공은 힘센 조상을 예우해서 여러 번 해 주는 것이 예기치 못했던 사건을 해결해 주는 경우를 많이 봤다. 물론 정말 그럴까 싶겠지만 어차피 조상에 대한 것을 연구하는 사람으로서 통계적인 부분에 힘을 싫어 이 글을 쓰고 있으니 그건 딴죽 걸 문제는 아니다.

정말 아무 일도 없는데, 느닷없이 엄니 생각이 나서 제삿날도 아닌데 공을 드려주면 신들은 자신들이 알아서 좋은 일이 생기게끔 작업을 해 준다. 예기치 못하게 받아먹은 공덕에 대해 거저가 없고 보답을 해 준다는 것이다. 문서를 잡게 하거나 마치 어느 때 느닷없이 조상이 나타나서 로또복권 당첨이 되게 해 주는 것처럼. 요즘은 복권에 당첨되는 사람들이 꾸는 꿈을 보면 불이나 물 꿈보다도 조상 꿈이 으뜸인 걸 보면 확실히 조상신들의 예지력이 인간보다는 앞서는 게 분명하다는 생각이 든다.

예화 1

부산의 윤 여사는 꿈에 차를 타고 가는데 뒤를 돌아다보니 어마어마하게 큰 사람만한 구렁이가 똬리를 틀고 차 뒷좌석에 앉아 있다고 하였다. 관이 높은 사람들의 회식자리에서 그것이 무슨 꿈인가 하여 문의를 하였다.

구렁이나 뱀은 집의 신이나 조상이다. 내가 홍콩에 갔을 때 새벽 6시경 빳빳이 고개를 든 백사의 목에서 선홍색 피가 쫙 나길래 깜짝 놀라 깼다. 그날 오후 공항에 내려 전화하니 오후 3시경 친정아버지가 심장마비로 돌아가셨다 했다. 절의 신도회장인 작은집 어머니의 꿈에도 검정 뱀이 스르르 집밖으로 나가고 큰집 오빠의 꿈에도 뱀이 집밖으로 나갔다 하여 적어도 서너 명이 집안의 어른이신 아버지의 죽음을 예견하였다.

구렁이는 조상이고 조상을 잘 대접하면 큰 복을 주겠다는 암시가 꿈으로 온 것이다. 그 후 윤 여사는 큰 조상공을 드렸고 그 공덕 때문인지 의

원에 당선되었다.

예화 2

　욕심도 많고 능력도 출중하고 같은 서울 사람이며 김해김씨라고 해서 친하게 지내는 한 형님은 늘 욕심이 현실보다 앞서갔다. 갖고 싶은 거, 사고 싶은 거, 건사해야 될 일가부치들이 많으니 항상 돈이 부족했다. 돈도 빌리고 대출도 받아 문서를 잡아도 온전치 못했다. 갚아야 될 돈이 버는 돈보다 많아지니 늘 시달렸다. 송사, 재판 등이 끊이지 않았다.

　어느 해 남편이 천수가 오셨다. 5년 내로 돌아가심이 당연하다고 말을 하니 고명아들 하나만이라도 장가보낼 때까지는 살게 해 달라고 애원하였다. 초겨울에 고속도로를 운전하고 가는데 남편 손이 마비가 오면서 풍이 걸렸다. 조상님들을 부르니 "가을걷이를 해 주지 않았으면 네 남편 목숨을 부지하기 어려웠으니 그만하면 다행인 줄 알아라!" 하였다. 추석을 보름 앞둔 가을날 검은 갓을 쓰고 도포를 입은 저승사자 같은 이들이 형님 꿈에 보여 급히 신사를 한 것이 주효했을까? 그 후 풍은 걸렸어도 걸음도 잘 걸으시고 공원에 산책도 나가셨다. 그나마 수명을 연장한 데는 수많은 작은 공덕들의 힘 덕분이라고 나는 생각한다.

　그 형님은 일단 일이 터지면 내게로 달려온다. 내게 "만신이 한 번에 몽땅 막아주지?" 하며 의문을 제기한다면 웃을 수밖에 없다. 이것은 풀고 안 풀고의 문제가 아니라 근본적으로 그 형님이 도깨비팔자이고 끊임없이 일을 벌이는 성격이라면 어떻게 한 번에 끝이 나겠는가?

　누구나 수많은 크고 작은 사건의 연속 속에 삶을 살지만, 해결책이 시

급하다면 그때마다 힘센 조상신을 불러 사건과 싸워 이기는 수밖에 없다. 자주 만나다 보면 나중에는 한 편의 드라마처럼 연결도 되고, 어떻게 행동을 하고 움직여야 되는가를 구체적으로 알려주기도 한다. 자주 뵙는 조상신들은 친해질 수밖에 없다. 공짜가 안 되니 싸게라도 자주하게 되면 나도 어쩔 수 없는 부분이다.

08 신들끼리의 상충이 있는가?

　종교란 이미 조상신의 세계를 벗어난 불교, 기독교, 이슬람교처럼 높은 성인 신에 의해 지배되는 믿음이다. 조상신이 도와주는 것은 살아생전의 자기자손들의 복록이고, 종교는 사후세계의 복록을 보장해 준다고 보면 된다.
　그런데 본의 아니게 이미 신격화된 종교가 상충되는 두 집안이 혼인을 하여 자손을 두거나 같이 살게 될 때 신들끼리는 자신의 영역을 가지고 싸움을 하게 된다. 사실 종교가 판이하게 다른 두 사람이 편안한 가정생활을 한다는 것은 불가능하다고 본다. 그 신들의 힘이 서로 셀 때가 더 문제가 된다. 차라리 한쪽이 약하다면 다른 한쪽이 숙여버리면 그만인 것을 서로 싸움을 하게 될 때 우환이나 병고, 사고사 등 여러 가지 방법으로 신들의 힘을 과시하기 때문에 믿음에 대해 죽을 정도로 맹종할 것이 아니면 한쪽 사람이 일부러라도 져주기를 나는 바란다. 살아생전의 복록을 원한다면 공연한 고집을 부리지 말기를 바란다.

앞에서도 말했지만, 사람보다 귀신이 위고 귀신의 힘은 어느 때는 무지막지하게 세서 인간의 힘으로 감당하기에는 어림도 없다. 막말로 다 당하고 나서 후회하기 전에 차라리 신의 세계를 아는 우리 같은 이들의 말을 믿고 좀 져주면 안 되겠나? 보이지 않고 현실적으로 검증이 잘 안된다고 우기면 무슨 생과 사가 있고 귀신이라는 부분이 있겠는가? 안 보여도 이미 모든 사람이 귀신이나 조상신, 신들이 있다는 것은 믿고 있지 않은가?

예화

종교상충을 말하면 나는 가장 가슴 아픈 기억의 당사자이다.

친정집은 불교 집안이고, 시아버지는 전주이씨 양반으로 이북에서 한약방과 서당을 했던 유교집안이다. 시어머니는 예수교를 믿은 지 50년이나 되는 분이었다. 처음 결혼을 해서는 교회를 가보기도 했다. 아버님은 사월 초파일에는 "에미야, 나도 절에 가서 연등이라도 하나 달아볼까?" 하는 말을 스스럼없이 하던 분이셨다. 맨 처음에는 유, 불, 기독교가 어우러져 잘 사는 듯이 보였다. 하지만 어느 순간에 집안에 우환이 닥쳤다.

결혼한 시동생의 아들 돌잔치가 있은 보름 뒤, 진상문이 들어와 장인이 돌아가셨다. 그리고 돌아가신 장인 삼오제에 가다가 시동생과 처남이 교통사고로 열차에 받혀 즉사를 했다. 사고 나기 직전 갑자기 시동생이 차를 세우더니 "왜 자꾸 빵빵거리구 그래?" 하길래, 동서가 "아니, 빵빵거린 적 없는데요?" 하니까 "그래? 잘못 들었나? 그러면 세운 김에 커피라도 한잔 마시고 갈까?" 하였다. 다섯 시간 반을 운전하여 강원도 정선 처가댁에 도착하기 10여 분 전 안개가 자욱한 그날 새벽, 간수가 아무리 오지 말라고 흰 깃발을 휘둘러대도 그대로 돌진하여 열차에 받혀 그렇게 두 사람은 세상을 떠나고 말았다. 귀신이 열차 지나가는 시간을 맞춘 걸까?

몇 년 뒤, 둘째 형수가 캐나다 사람으로 선교사인데 9형제 중 8형제가 이민을 가 모두가 선교를 하던 중 마지막 남은 막둥이로 10년 만에 미국으로 이민 간 시누이 남편이 있다. 휴거를 믿던 그는 이민 간 지 몇 개월 만에 총에 맞아 사망하였다.

집안의 우환이나 질고는 구체적으로 들춰보면 이런 끔직한 일들이 우리 집안에서 일어난다 해도 다 이유가 있을 것이다. 나도 세고, 우리 시어머니의 믿음도 세고, 돌아가시는 순간까지 예수 믿겠다는 말 한마디만 하면 묘지도 거저 주겠다는 제안에도 끝까지 고향 선산에 묻히겠다는 말씀을 하신 시아버지까지 아무도 양보한 사람이 없다.

나는 이제 조상신을 연구하고 신의 세계의 비밀을 조금이라도 현실의 예화에서 찾고자 노력을 하는 사람이 되었디. 나도 세고, 신들도 세고, 종교상충에 맞설 때 활화산 같은 파괴력이 있다.

어떻게 살아가든 아직 안 일어난 일에 대해 안심하지 마라. 힘의 균형이 깨지면 결국엔 무시무시한 신들의 전쟁이 일어남을 믿어 의심치 마라.

조상신과 터신 중 누가 더 힘이 센가?

결론으로 말하자면 터신이 더 세다고 보면 된다.

천지인(天地人)이라고 하늘과 땅 사이에 인간이 있고, 인간이 죽어서 조상신이 된 것이니 사람이 하늘과 땅을 이긴다는 것은 애당초 말이 안 되는 발상이다. 인간은 대자연 속에서는 한낱 미물에 불과한데 조상신이라고 한들 무슨 뾰족한 수가 있겠는가?

조상신 공덕을 구할 때는 반드시 죽은 사람의 묘터나 사는 곳의 터줏대감님께 우선 술 한잔이라도 바치고 조상신에 대한 예우를 갖추기를 바란다. 잘 먹고 잘 살게 해 달라는 재물, 관록, 인연 등은 조상신의 소관이지만, 땅의 매매, 건물이나 집의 매매나 임대 등은 터줏대감의 관할이다. 복을 구하는 주관신이 다른데 하물며 엉뚱한 공을 드리면 효력이 있겠는가?

사실 터신은 그 땅의 주인이 수도 없이 바뀌어 여러 명이 공동으로 그 땅을 지배할 수도 있지만, 가장 센 대표 터신이 그 땅을 지배해서 자신의 맘에 드는 사람에게 땅이나 건물의 주인이 되기를 허락한다. 터신이 허락하지 않는 주인은 임시 주인일 뿐이다. 건물이나 토지의 매매가 이상하게 너무 안 이루어질 때는 소유한 지 오래된 경우, 그 터신이 그 사람을 놓치고 싶어 하지 않거나 더 마음에 드는 대타가 없는 경우이다.

문서의 이동을 바라면 터신께 진심으로 공을 드리고, 맘에 드는 문서를 갖고 싶은 사람은 원하는 터의 신께 공을 드리고 예쁘게 보이길 부탁한다.

부모님의 성묘를 가서 제사를 지내기 전에 묘터의 위쪽에 통북어 한 마리, 막걸리 한 잔을 놓고 산의 터신과 산신께 절을 하는 것은 옛날부터 의례적으로 해 오던 이 땅의 신들에 대한 예우이다.

예화

수년 전 모 백화점이 붕괴되면서 수백 명의 사람들이 사망하는 비운이 일어났었다. 그 백화점 터가 강남의 부자들만 사는 곳이고 바로 앞에는 위풍당당한 법원이 있는 동네여서 그곳에서 사망한 수많은 사람들이 일반인보다는 상대적으로 팔자가 좋은 사람들이 많았다. 현직 판검사나 변호사들의 배우자들이거나 유학생 등 갑자기 당한 변에 그 좋은 팔자를 가지고 있는 사람들도 속수무책이었다. 어떻게 막을 방법은 없었던가?

사실 모든 대형사고들이 그렇지만 수많은 사람이 사망하는 전쟁이나 비행기 추락사고나 열차사고, 폭발사고 등등은 막을 길이 없다. 단지 그

개개인의 신기나 예지력, 느낌으로 그 악운을 피해가는 것이 가장 상책이다. 따라서 느낌이나 기분 상태, 그날그날의 컨디션이나 우연의 일치, 징크스 등등을 무시하거나 과학이 아니라는 잣대로 인간의 행동을 저울질하지 말기를 부탁한다. 나약한 인간이 악운이나 횡액 등을 피해가는 유일한 방법은 전날 꿈자리가 사나워 근신을 하거나 전날 꿈에 나오셔서 "얘야! 조심하거라!" 하고 한마디 말씀을 하고 홀연히 사라지신 내 부모님의 말을 따르는 것이다.

10 조상신과 터신은 그 모습이 있는가?

물론 당연히 있다.

조상신은 살아생전의 모습들이 있으니까 그 모습이 확연히 있지만, 터신들은 그 터를 지배하는 터신들 중 현재 지배하는 터신의 모습으로 존재한다.

각 조상신들의 모습을 보면 각 성씨에 따라 독특한 부분들이 있다. 조상의 기질이라는 것은 면면히 수천 년을 내려오면서 자신들의 모습이나 성격, 기질, 심상이나 욕심까지 모든 부분에서 일맥상통하는 부분이 있다.

조상신들 중에서도 바로 앞의 돌아가신 부모님은 살아계신 생신(生神)이나 마찬가지이다. 젖먹이 어린아이를 물가에 내놓은 것처럼 이 땅에 사는 나를 낳고 돌아가신 부모님은 절대적인 애정으로 자기 자식을 돌본다.

그 윗대의 조상들은 그 조상신들 중 가장 왕성한 삶을 살았던 조상신들의 염력이나 힘이 자손에게까지 영향을 미치게 된다. 3대조나 5대조 아니면 더 윗대의 조상 중에서 발복을 했던 조상신이 자손을 도와주고 보살펴주게 된다. 사실 각 성씨를 가진 조상 중에 어느 시대 발복하지 않은 조상들이 있겠는가. 하지만 그러한 조상들도 찾아 예우해 주는 부분이 없으면 그냥 묻힌 채로 지나가게 된다.

인간의 모습으로 살아가는 사람들이여! 내 힘이 약하면 조상신에게라도 울고불고 매달려 보라고 하고 싶다. 사실 우는 애 젖 안 주고 굶겨 죽이는 부모는 이 세상 어디에도 없으니까 말이다. 조상신이란 살아생전의 복록을 관장하는 인간 삶의 아주 중요한 신들임을 꼭 말해 주고 싶다.

예화

청와대에서 5분 거리에 있는 옆 동네는 재개발지역으로 지정되어 보조금이 나오면서 다들 깔끔한 빌라로 탈바꿈을 하였다. 하지만 막다른 골목의 한옥집 한 채는 재개발 시효인 5년의 마지막 한 달을 남겨놓고도 매매가 안 되어 다 허물어져가는 흉가가 되었다.

어느 날 전화가 왔다. 자신은 대종교를 믿은 지 10년이 된 이씨 총각인데 새벽에 몇 시간을 기도하고 인터넷을 뒤지다가 "아, 이분이구나!" 하였다며, 그 터를 내가 보고 맘에 들면 사라고 하였다. 찾아간 그 집은 터가 너무 세서 아무리 무당, 스님, 판수들에게 수없이 보여주었어도 집을 지어줄 임자는 따로 있다 하여 매매가 안 되었단다. 내 말을 전해들은 김 여사가 지난밤 꿈에 금덩이를 받는 꿈을 꾸었다며 인수를 하게 되었다. 5년 시효 마지막 날인 30일에 4층짜리 건축 허가가 나왔다.

집 앞 골목길에서 터 고사를 지내는데, 앞에는 인왕산이요 집 바로 뒤 터는 수천 평의 안기부가 있는 터라 인왕산 쌍호랑이가 나와 "왜 이제야 오느냐. 내가 너를 본 지 5년 만이라 반갑고도 반갑구나!" 하였다. 5년 전 방송국 촬영 때문에 처음 인왕산 산기도를 갔었는데 바로 그 밑의 터였다. 그날 밤 꿈을 꾸니 신라, 백제시대 옷차림을 한 수많은 병사들이 싸우다 싸우다 죽어갔다. 그 옛날 전쟁터로 혼령들의 한이 서린 계곡의 터였다.

골목길에서 큰 굿을 하는데 굿에 올려진 돈을 탐내던 인부 하나는 공사장에서 떨어져 몇 달 동안 병원 신세를 졌고, 그 터를 인수해 집을 짓자던 김 여사는 뜨거운 물에 잔등이를 데어 호랑이 얼룩무늬가 등짝에 남았다.

우여곡절 끝에 그림 같은 집이 지어졌다. 그 터의 터신은 풍채가 위풍당당한 대감으로 늘 서책을 앞에 놓고 부채를 펼치며 검은 갓을 높이 쓴 분이시다. 여러 번 대섭을 해 드릴 때마다 떵떵거리며 우렁찬 목소리로 말씀을 하시는 그 서울 대감님의 모습이 눈에 선하다.

11 공은 누가 드리는 것이 제일 효과가 좋은가?

    무속인이나 보살, 법사 등등. 조상공을 드리는 것은 반드시 접신이 되는 영매 작용을 하는 사람에게 의뢰를 하거나 부탁을 하라고 권하고 싶다.

    일제강점기 이전의 이 땅은 무당이나 조상신을 부를 수 있는 당골네들이 조상에 대한 예우를 하고 치성을 드리곤 했다. 하지만 일제는 미신이라고 하여 모든 무속 행위를 근절하고 조상신들 간의 유대 관계를 끊는 일에 몰두했다. 왜냐하면 21세기를 사는 현재까지도 일본인들은 자신들만의 토속신을 철저히 믿으며 가장 외래 종교가 침범하기 어려운 토양을 구축하고 있다. 그들은 자신들의 조상이 가장 자신들의 자손이 잘되기를 바라고 도와준다고 믿고 있기 때문에 우리 땅의 조상들이 우리 자손들을 도와주는 것을 가장 경계했다. 그래서 조상신뿐 아니라 쇠말뚝을 밖아 혈맥을 끊으며 터신들까지 망가뜨리는 행위를 한 것을 지금도 곳곳에서 발견할 수가 있는 것이다.

공을 드리는 행위는 이렇게 접신이 되는 사람들이 조상신을 불러서 당신이 이 자손을 낳았으니 잘 보살펴달라는 행위나 치성으로 대신해 준다. 일반 제사가 아닌 여러 가지 원하는 부분에 대한 바람은 반드시 접신이 가능한 사람에게 의뢰하라고 말해 주고 싶다. 왜냐하면 개인이 섣부른 공을 드리는 행위는 조상신께 전달도 안 될 뿐더러 자칫하면 잡신만 붙어 오히려 여러 가지 부작용을 낳기 때문이다.

예화

유씨 여인은 친정엄마가 전라도 목포에서 수십 년을 보살 노릇을 하며 제가집 일도 해 주고 풀어주기도 하던 분으로 90세 넘어 돌아가시면서 그 언니가 신을 받아 지금 무당 노릇을 하고 있다. 늘 어린나이부터 보아 오던 것이 제상 차리고 땡땡땡 꽹과리 두드리는 소리였다.

본인은 돈 장사를 하며 식당도 하고 이것저것을 하다보니 늘 사람 사이에 시비와 분쟁이 오갔다. 궁금한 것도 많고 그러려면 풀어야 될 부분도 많은데 친정엄마가 하던 일을 돈을 주고 하는 것이 왠지 억울하다는 생각이 들었을까?

건강을 위해 산에 올라가 절에라도 가면 빳빳한 돈 1,000원짜리를 한 두 장 정도 마련해 가 보시한다고 자랑하곤 했다. 아들이 장가갈 때는 동생이 먼저 장가를 가면 형을 위해 풀어야 한다며 가장 싼 종이옷이라도 해서 조상을 위로해 주라고 했다. 식당 장사가 잘 안되면 본인이 술 따르고 밥상 차리고 나물 놓고 공을 드리면 어떠냐고 자주 물어왔다. 신의 일을 업으로 하는 건 절대 아니나 귀동냥해 보고 들은 것이 많으니 신의 일이 신빙성이 없고 진심으로 조상에 대한 공덕보다는 뭐든지 싸게 흉내만 내려고 하였다.

처음에는 잘나가는 듯이 돈도 잘 붙더니만 나중에는 전혀 다른 타 종교의 애인이 붙어 거의 재산을 탕진한 상태가 되었다. 차려주고 해 주는 것마다 갑자기 불이 나서 홀라당 잿더미가 되거나 부도가 나서 공장이 망하거나 했다. 어떤 공도 무늬만 공인데 누가 있어 바른 길로 이끌어 주겠는가? 귀신만 바글바글한 상태가 되니 매사가 잘될 리가 없다.

이렇게 섣부른 행위가 가장 무서운 우환의 연속을 몰고 온다. 밥 먹고 사는 것은 같아도 한시도 마음이 편하지 않고 늘 악다구니 속에서 언쟁과 분쟁을 일으키며 산다는 것은 너무나 맘이 아프다. 지은 공덕조차 입으로 까먹으니 이 또한 안됐지만 근본적으로 조상신에 대한 존중심이 없는데 반성할 길은 요원한 것이 아닐까?

12 무당이 되는 사람들은?

내가 이 책을 쓰는 가장 큰 동기 중의 하나가 이 부분이다.

조상신을 불러서 살아있는 사람들의 복록을 빌어주고 또 그 바라는 바가 실제로 잘되게끔 해 줄 수 있는 무당이 되는 사람들은 어떤 사람들인가?

신기가 있다고? 예지력이 있다고? 꾸는 꿈마다 너무 잘 맞아서? 아님 그 집안 내력상 보살 노릇을 그냥저냥 하다가 못 불려 먹은 조상이 얽혔다고? 아님 실제로 정신이 오락가락 뭔가 보이기도 하고 안 보이기도 하고 정상은 정상인 것 같은데 헛것이 잘 보이는 사람? 아님 현실적으로 너무 일이 안 풀려서 이도저도 안 되니까 점을 보러 다니다 보니까 신기가 있어서 종국에는 무당이 된다는 말을 숱하게 들은 사람? 아님 제정신으론 아무것도 알 수가 없고 술만 먹으면 아는 소리를 하는 사람? 아님 병명은 없는데 너무너무 아파서 시름시름 앓다가 이러다가 지레 죽을지 모른다는 불안감이 있는 사람? 아님 점을 보러가는 집마다 "아이구, 장군님 대감님 오셨다"고 치하를 받는 사람? 아님 식구들 중에 무당을 하는 사람이 있어 어영부영 쫓아다니다 보니 무당 하는 짓을 배워서 무당이 된 사람?

도대체 21세기를 사는 이 시점에도 얼마나 많은 사람들이 여러 가지 이유로 급히 내림굿을 받고 아무것도 모르는 상태에서 그저 내림굿만 받으면 조상신을 부르고 인간의 앞길을 훤히 볼 거라는 착각 속에 무당이라는 이름으로 살아가는지 아연실색할 뿐이다.

예화

덩치 크고 기가 세 보이는 30살 초반의 강씨 노처녀는 늘 되는 일이 없었다. 어떻게든 잘살아보고 싶었는데 욕심껏 해도 성에 차지가 않고 무엇을 해도 까먹기만 하였다. 그래서 여기저기 기웃거리면서 역학도 좀 배우고, 인터넷 사이트를 뒤지다 보니 눈에 띄는 것이 내림만 받으면 만사형통 될 것처럼 말하는 무당과 점바치들만 가득해 이쪽에 관심을 가지게 되었다.

어쩌다 술이라도 먹으면 마치 자신이 신이 된 양 뭔가 보이는 것 같기도 하고, 아는 소리를 좀 하다보니 다들 신통하다고 치켜세우기도 하고, 여기저기 점집을 기웃거리며 증상을 얘기하니 무병이 틀림없다는 말을 듣곤 했다. 잘사는 무당집이나 법당을 가면 나도 얼른 저렇게 신의 일을 해서 잘살고 싶다는 바람을 품었다.

고명한 무당을 찾아가니 내림굿은 하지 말고 신의 가리만 잡으라 하였다. 싸게 해달라고 졸라 반의 반값에 신을 누르는 굿을 했다. 참고적으로 '눌름굿'이란 신이 들뜨는 것을 안심좌정해 일반인으로 잘살아갈 수 있게 하는, 말 그대로 무당이 되는 것을 막는 굿이다. 하지만 그런 굿을 하고서도 남들에게는 마치 유명 무당에서 내림굿을 받은 것처럼 행세하고 다니면서 안하무인의 행동거지를 하니 손님이 있을 턱이 없고 아는 것이 없으니 늘 궁핍했다.

얼마간 시간이 지나니까 굿한 돈도 아깝고 공연히 굿을 했나 싶은 것이 후회도 되었다. 분명 내림굿이 아니었는데도 본인이 조르고 졸라서 그런 굿을 했으면서도 마치 원인이나 책임은 신선생에게 있는 것처럼 떠들고 다니니 실제로 수십 년을 올바른 무당의 길을 걸어온 만신에게는 너무나 후회되는 일이지만 이미 엎질러진 물이니 어떻게 할 것인가?

이렇게 스스로가 어떤 목적의식을 갖고 무당의 길에 들어서는 사람들이 의외로 많다. 올바른 무속의 길을 가는 신선생들에게 덤터기를 씌우는 일도 있다.

무병의 종류도 확실한 검증이 필요하고 무당의 심상이나 자질 또한 너무나 필요한 덕목임은 누누이 강조해도 지나침이 없다.

13 참무당이 될 수 있는 사람은?

무당이면 무당이지 참무당이란 무슨 소리냐고 반문할지 모르지만, 참무당과 허주를 갖고 있는 무당과는 확연한 차이가 있다. 참무당이란 진실로 그 뿌리가 있어 수십 년의 엑기스가 뭉쳐서 다시 태어난다. 터에도 수백 년의 맑은 기가 모아져야 명당터를 만들 듯이 남의 조상신을 불러서 그 수많은 조상신들의 말을 들어주고 원하는 부분을 풀어주고 자손들의 복록을 빌어준다는 것은 잠시잠깐 머무는 귀신들의 힘으로는 어림도 없는 일이다.

귀신이 눈에 잠깐 보였다고 하는 것이나 어떤 도사가 도를 수없이 닦다가 숟가락을 끊임없이 째려보니 숟가락이 휘어졌다는 내공이나 다를 바가 없다. 공연히 섬뜩하게 귀신만 눈에 보인 것이며 애꿎은 멀쩡한 숟가락 하나만 못쓰게 만든 것이다. 그것이 무슨 인간 삶에 큰 의미가 있는가?

예를 들어봐도 갓 내림굿을 받아 영험하다는 저 굴레방다리의 처녀보살들은 다 어디로 간 것이며, 애기동자가 영검해서 손님들이 줄을 섰다는 전설의 박수무당집들은 다 어디로 간 걸까?

조상신들은 천태만상이라 그 신들의 비위를 다 맞춰서 각 자손들의 복록을 빌어주는 일은 참으로 까다롭고 힘든 일이다. 신을 볼 수 있다는 것은 노력으로 되는 것이 아니다. 이미 타고난 능력이며 집안 내력상 아버지로부터 딸로 줄줄이 내려오는 것이 아니라, 신명을 보고자 하는 맘이 어느 순간에 신에게 선택되어져 돌연변이처럼 나타나지는 사람이 참무당이라고 본다.

과거가 아닌 미래를 볼 줄 아는 예지력, 어떤 힘든 상황에도 흔들림 없는 내공의 힘, 귀신과의 소통, 악을 물리침에 주저함이 없는 강인함, 맑고 착한 심상, 이 땅을 사는 모든 태어난 인간군상에 대한 한없는 사랑, 늙으나 젊으나 살다 가신 모든 분들에 대한 애달픔, 끊임없는 자기연마와 공부 등등. 이러한 조건이 없다면 설혹 어쩌다 내림굿을 받았다고 하더라도 무당이라는 이름으로 이 땅을 살아가기에는 너무나 곤고할 것이다.

14 무당에도 등급이 있는가?

 그러면 그렇게 대단한 능력을 갖추지 못한 무당들은 다 가짜인가? 물론 그렇지는 않다. 적어도 조상신들을 불러 그분들의 말을 듣고 자손을 발복시킬 수 있는 무당들은 자신도 발복이 된 유명한 무당들이다. 그 나머지 대부분의 무당들도 그저 밥술이나 먹고 어렵게 살아가는 경우가 많다.

 무당을 지배하는 신들은 상계신에서 하계신까지 등급이 다양하다. 천신이나 옥황상제, 용신, 산신, 하늘님 등 천지간의 높으신 분들을 모시는 무당. 장군이나 대감, 도사, 도깨비 등 살아생전에 이름 날리고 힘깨나 쓰던 분들이 접신된 무당. 할아버지, 할매신, 선녀, 동자, 동녀 등 보통사람이 죽어서 된 조상신들을 모시는 무당. 구렁이나 두꺼비, 나비 등 동물들을 모시는 무당 등등. 모든 힘이나 능력은 사실 모시는 신들의 영검함에 의해 결정이 된다.

적어도 무당이란 이름으로 신의 밥을 먹고사는 노련한 무당들은 신의 높낮이를 즉각 감지한다. 내 몸 주는 선녀이고 나를 지배하는 신은 할아버지라고 하더라도 저쪽 무당의 할아버지보다 내가 모시는 할아버지신이 낮은지 높은지는 금방 알 수가 있다. 그 높낮이를 잘 모르거나 일부러 모른 체하며 싸움을 거는 안하무인의 무당들 때문에 늘 위계질서가 없다. 또 선배 무당, 후배 무당이란 점만으로 지배를 하려고 들면 대접을 받기가 만만치 않다. 적어도 자신이 모시는 신과 타 무당의 신과의 등급을 즉각 감지하는 무당들은 신의 밥을 먹고는 산다.

예전에 세 번의 무당집 경험이 있다.

예화 1

바로 집 앞의 불자마크가 선명하고 흰 깃발을 단 무당을 저녁 무렵에 찾아간 적이 있다. 아는 이가 조상가리를 물어보는데 나도 궁금하여 찾아가니 웬 얼굴 둥그스럼하고 잘생긴 여인이 문을 빠끔히 열더니 "선생님은 산기도를 가셨어요!" 하였다. 며칠 뒤 또 저녁결에 찾아가니 아직 안 오셨다고 하였다. 언제 오시냐니까 며칠 더 걸린다고 하였다. 일주일 뒤는 아침 10시경에 찾아가니 선생님 계시다고 들어오라고 하였다.

안내된 방으로 들어가니 바로 그 산기도 가셨다는 잘생긴 분이 법당에 앉아 나를 보자 깜짝 놀라며 낯빛이 변했다. 하도 어이가 없어서 "아니, 본인이 주인이고 무당이신데 왜 본인이 없다고 하여 두 번이나 나를 돌려보내시나요?" 하니 아무 말 안 하고 방울을 흔들며 글을 끼적거리면서 본인도 한강변에 나가서 대굿도 하는 신 받은 지 13년 된 무당이라고 하며 대충 대충 말하며 얼른 나를 내보냈다. 어이없는 무당집 첫경험이었다.

예화 2

수십 명의 무당을 어느 쪽으로 특기가 있고 영검한지를 쓴 책이 있어 장군부리가 센 동생에게 집어보라고 했다. 나름대로 무속 무슨협회장이고 꿈해몽 책도 낸 박수를 찾은 적이 있다. 나는 아예 안 보니 너만 보라고 옆에 앉아 있는데 마침 법당을 크게 이전 확장중이라 수많은 동자신들이 법당 앞에 스무개 남짓 전시되고 있었다. 법당은 엄청 컸다.

점사를 보는데 계속 "네, 운이 좋아요. 무조건 좋아요!" 하는 말 외에는 들은 말이 없다. 말문이 막히고 공수가 아예 안 나왔다. 어이가 없어 나오려는데 눈도 안 마주치고 내다보지도 않았다. 몸주가 동자신인데 할아버지가 갔나? 새로 법당 옮기는 데 잘못 가 살만 끼치고 왔나 싶어 미안했다.

예화 3

아줌마들 손에 끌려 무당 세 명을 데리고 굿을 잘한다는 박수한테 간 적이 있다. 아무리 해도 공수가 안 나오고 애꿎은 담배만 연신 피워댔다. 마침내 일어나 의관정제하고 절을 하더니 내게 깃발을 뽑으라고 해서 붉은 깃발이 뽑히니 문간에서 흔들라고 했다.

이윽고 나온 공수. "나는 금강산 오봉암의 선녀이니라. 너는 한마디도 하지 말고 당장 이 집에서 내보내라! 무식한 놈아!" 하며 연신 당장 내보내라고 욕을 하는지, 그래도 나도 신의 밥을 먹고사는 사람인데 어찌 그리 욕을 하시냐고 해도 막무가내로 한 자락도 그 얕은 혀로 말하지 말고 내보내라고 성화였다.

  공연히 내 신만 높아 보였을 뿐, 다시는 점집을 기웃거리지 않게 됐다.

15 내림굿을 결정하는 사람들은?

사실 앞에 열거한 대로 여러 가지 조건으로 많은 사람들이 내림굿을 받는다. 내림굿을 받아서 실제로 점사를 보거나 무속 행위를 하는 사람은 그 중 반이나 될까? 통계를 내보지는 않았지만, 개점 휴업 상태로 끼니도 간데없고 하는 일마다 안 풀려서 자살을 꿈꾸는 사람까지, 내림굿만 받으면 금시발복할 줄 알았는데 사는 것은 더 고달프고 귀신의 장난인지 하는 일마다 꼬이고 안 풀린다는 사람들이 많다. 말만 무당이지 제 코가 석 자인데 남의 일을 어떻게 봐 줄 수가 있는가 말이다.

이런 상황의 반풍수 무당들은 여기저기를 기웃거리며 자신들도 발복되기를 기도하지만 쉽지는 않다. 애당초 내림굿을 받지 말아야 될 사람이 내림굿을 받았는데 어떤 노력으로 이런 환란을 빠져나올 수가 있냐 말이다. 내림굿을 해 준 신어머니는 이미 무덤덤해져 스스로 알아서 신기를 키우라고만 할 뿐이다. 망망대해에 떨어진 애동이 무당들은 뭘 어떻게 하란 말인가?

나는 어떠한 경우에도 쉽게 꼬임에 넘어가 내림굿을 받는 행위는 절대로 반대한다. 한 번밖에 없는 자신의 삶이니 내림굿이란 행위를 한 후에라도 다른 일을 또 잘할 수 있게 된다면 고쳐서라도 살아갈 터인데, 일단 접신이란 행위를 한 사람은 그 신이 접신이 되었든 안 되었든 삶이 곤고하고 고단하고 하는 일마다 이리 꼬이고 저리 꼬이고 하는 것이 현실이 된다. 아니라고 반문을 할 사람은 지금이라도 나를 찾아오기 바란다.

그 이유는 신이 아니라 귀신이라도 이미 그 사람을 알아버려 되지도 않은 알량한 힘으로 그 사람을 붙들기 때문이다.

예화

송파에서 큰 식당을 하던 김 여사는 당시 나이는 삼십대 초반이었어도 일찍 쇼핑몰 사업을 하는 똑똑한 남자를 만나 은행에 돈도 억 단위로 넣어 놓고 자기 아파트도 소유하고 손님도 많고 빵빵 잘나가는 듯이 보였다. 심심풀이로 점을 보러 가면 다들 신기가 왕해서 우리네 같은 직업을 가지게 될 팔자이고 불려먹을 팔자라며 추켜세워졌다.

무당집에 점을 많이 보러 다니다 보면 "신기가 왕하다", "대감님이 오셨다", "장군가물이다"는 등의 말을 많이 듣는다. 조금만 팔자가 세게 생겼거나 눈빛이 예리하면 다들 신기가 왕하다고 하거나 물장사를 해야 될 팔자라는 말을 하는데, 예쁘고 야하게만 생겼다고 물장사를 해서 성공한다는 점괘는 누가 만든 말일까? 오히려 수더분하게 생긴 사람들이 유흥업소를 운영하는 경우 더 잘되는 경우가 많다. 운영하는 것과 유흥에 종사하는 것은 하늘과 땅만큼 차이가 있다. 마치 신기가 있는 것과 신의 일을 해서 밥을 먹고살 수 있는 것과는 다른 것처럼 말이다. 점을 좋아하는 사람 중에 오히려 안 그래 보이는 사람이 몇이던가?

하루아침에 잘나가던 식당도 거덜 날 즈음, 그 와중에 누가 내림굿만 받으면 금시발복을 할 듯이 말을 해서 김 여사는 내림굿을 받았다. 결국 신은 오지도 않고 살던 집도 날리고 남편과도 헤어지고 삶 자체가 곤고하게 되었다. 그렇게 영민하게 잘 보일 듯이 말하던 남의 운명은 하나도 보이지 않고 그냥 반풍수가 되었다.

내림을 결정하는 것은 자신의 판단이지만, 신을 잘 모르는 사람을 마치 내림만 받으면 훤히 앞날이 보이고 매사 잘 풀릴 듯이 말하는 내림 선생들에게 책임 있는 스승이 되라고 부탁드리고 싶다.

16 내림굿을 받아버린 사람은?

미래를 보는 능력을 타고나서 예지력이 뛰어나거나, 너무나 강력한 신의 힘에 사로잡혀 전혀 일상생활을 할 수 없을 만큼 앓는 사람은 정신질환이 아니라 무병이라는 것이 중요하다. 그건 내공이 깊은 고명한 종교인이나 오랫동안 신의 삶을 살아온 무속인들은 알 수가 있다. 그러한 사람들 중에도 극소수만 내림굿을 받아야 되는 사람이 있다. 그래서 내림굿을 받은 경우는 다음과 같이 하면 존경받는 조상신을 부르는 무당이나 종교인이 될 수가 있다.

인터넷이 만연하고 과학이 지배를 하는 21세기에도 수많은 점사 사이트는 상담을 위해 들르는 네티즌들로 가득하다. 또 연초만 되면 수없이 많은 사람들이 자신의 미래에 대한 궁금증 때문에 점집을 찾는다.

사주, 신수, 궁합, 횡액, 삼재, 작명, 택일, 자손, 묘 자리, 재물, 부부 궁합, 성격 등등. 도대체 그 많은 부분의 궁금증을 어떻게 내림굿을 받아 모신 조상신들이 다 알 수가 있단 말인가? 그래서 점사를 보다보면 아는 것은 알고 모르는 것은 도대체가 몰라서 자꾸 물어보면 해떨어져서 신기가 꺼졌다든지, 할배신이 주무신다든지, 너무 많은 걸 물어보면 살(殺)을 받는다든지 하며 적당히 얼버무려 불편함을 모면해 보려고 하는데 금세 들통이 나고 만다. 요즘 사람들이 좀 영악하고 총명한가 말이다.

어차피 내림굿을 받은 사람이 점사로 끝까지 살아남아 밥을 먹는 방법은 신께만 의존하지 말고 공부도 겸해서 하라고 권하고 싶다. 공부란 구전으로 내려오는 신의 세계에 대한 답습과 글로 쓰여 있는 수많은 역서와 인간 삶에 관계된 책들을 말한다. 이미 글로 쓰여져 이러쿵저러쿵 인간 삶에 대해 말해진 부분들은 수천 년 통계학이기 때문에 기도 중에 병행해서 공부를 하며 인간 삶을 들여다보면 훨씬 정확도가 높다는 얘기다.

어떤 무당들은 순수하게 신께만 의존해야 된다고 하는데, 지금은 옛날 농번기 시대가 아니다. 조상신이라고 높으신 신이라고 다 인간의 만 가지 대소사를 아는 것이 아니라는 것을 명심해야 한다. 하물며 남의 귀중한 삶을 풀어주는 직업을 가진 사람이 대충 느낌이나 생각나는 대로 얘기를 하는 것은 너무나 무책임하고 위험한 짓이다.

예화

강원도에서 나를 찾아온 백씨 아가씨는 총명하고 예쁘고 무병이 분명한 신기인데 신이 잘 안 와서 내림굿만 세 번을 받았다. 그것도 다 유명한 무당에게서 받았는데 마지막으로 받은 내림굿이 오히려 잘못되었다. 그 무당이 산에서 굴려 깨뜨린 할머니 돌의 파편이 반짝반짝거려 도저히 눈이 부셔서 일상생활이 힘들 정도의 정신적 고통을 겪고 있었다.

신은 들어와서 손님은 많은데 오히려 서너 명만 보고나면 아무것도 보이지 않고 가슴이 터질 듯해 점사를 볼 수가 없다고 하소연하였다. 또 내림굿을 받아야 되나요? 하는 것이 주안점이었다.

어떤 식의 어떤 신을 붙들기 위해 자꾸 내림굿을 받는가? 한 번 안 오면 또 받고 또 받고 물론 그럴 수도 있지만 세 번이면 족하다고 본다. 신명이나 공부도 스스로가 터득을 하는 것이지 남에게만 의지해서 될 일이 아니다. 이왕에 들어선 신의 길이라면 철저한 자기 인내와 공부로 난관을 극복해 나가다 보면 자기만의 맑은 신의 세계를 구축하게 된다. 나의 신은 이런 쪽으로 영민하시고 해박하시구나 하는 것을 깨우치게 돼 예지력이 더 두드러져 혜안이 열리게 된다.

17 유명한 무당이나 유명한 역술인의 차이는?

　이미 유명이나 고명이란 말을 듣는 무당, 보살, 역술인, 스님 등은 그 분야에서 나름대로 수많은 세월을 뼈를 깎는 고행과 자신과의 싸움에서 이긴 사람들이고, 자신만의 방법으로 신의 세계를 들여다볼 수 있는 내공을 키워온 사람들이다. 어떤 이유로든 사람들에게 존경을 받고 존중을 받아야 되는 훌륭한 사람들이라고 나는 생각한다.

　단지 무당이 역술인과 다른 점은 무당은 조상신을 불러 접신을 하는 사람들로 나쁜 것에 대한 제살능력이 있고 좋은 것에 대해서는 복록을 빌어주는 것이 보다 즉각적이고 현실로 나타나는 경향이 강하다는 점이다.

　고명한 역술인들도 미래예측 능력은 대단하고 부적을 써서 신을 부리려고도 하지만, 근본적으로 글을 쓰는 사람들은 '나는 무당이 아니고 단지 글에 쓰여진 비밀을 전달해 줄 뿐'이라는 글 신을 믿는 사람들이다. 그렇다고 역술인들이 무당처럼 접신을 할 수 있는 능력이 있는 것도 아닌데 그러한 능력을 우습게 천히 보는 경향이 있으니 신의 비밀을 대신 전달해 밥을 먹는 사람으로선 올바른 자세는 아니다.

스님들은 부처님의 공덕으로 복을 구해 주는 사람들이다. 이 또한 자신의 힘이 아니고 부처님의 현란하고 높은 덕을 인간에게 전파하고 바르게 살아 후생의 윤회를 믿고 욕심을 버리게 하는 사람이다. 모든 신의 일에 종사하는 사람들이 서로 보듬고 감싸지는 못할망정 스스로를 높이려 한다면 사이비 교주랑 다른 점이 무언가? 어떤 신의 일도 신만이 높고 신의 대리자인 종교인 이하 신의 밥을 먹는 사람들은 단지 신분의 서열이 없는 인간일 뿐이다.

예화

중절모에 신사 양복, 금장시계와 금반지를 낀 인물 좋은 역술인이 나를 찾아온 적이 있다. 강남역 출구에서 사주만 17년을 봐서 손님이 너무 많은데 새 빌딩이 들어서는 바람에 송파 쪽으로 와서 벤처타운의 수십 명을 상대로 일진이나 주식 등의 흐름을 봐준다고 하였다.

이유인즉, 세월이 오래다보니 대부분의 제가집 손님들이 박 선생님은 신(神)도 보일 거라고 믿는다는 것이었다. 이 분의 고민은 양심상 전혀 신이 안 보이는데 가짜로 신을 불러 무언가 원하는 부분을 해 줄 수가 없으니 자신과 내가 동업을 해서, 나는 신을 불러 원혼의 소리를 듣게 해 주고 자신은 법사의 북이나 징소리로 축원 등을 해 주면 어떻겠는가 하는 제의였다.

이것이 역술인들의 고민이라고 생각한다. 오랫동안 사주역리를 해 손님들을 보다보면 우리 선생님은 귀신도 다 보이실 거라고 착각들을 한다. 얼마나 맘이 답답하겠는가.

또 무당들은 무당들대로 고민이 있다. 어린 나이에 무병을 앓아 일찍 내림을 받을수록 사실 실제적인 공부 등에는 무식할 수밖에 없다. 아는 것이 없고 배움이 짧으니 늘 그 공수가 그 공수고 신령님의 말씀들도 단순해 더 이상 발전이 없어서 답답해하는 경우도 많다. 배움이 많은 사람이 와서 상담하면 주눅이 들기도 한다.

그나마 신이 전혀 안 보이고 거짓 신을 부르는 행위를 하지 못하겠다던 그 역술인이 양심적이었다. 서로가 보완되면 얼마나 좋겠는가? 하지만 그 또한 쉬운 일이 아니니 끊임없이 공부를 하라고 말하고 싶다.

18 무당이 되게 하는 꿈의 세계의 착각은?

　인터넷 사이트에서도 가장 인기 많은 게시판이 아마도 무료 꿈해몽이 아닌가 싶다. 내가 상담해 주는 인터넷과 무당(shaman.co.kr)의 꿈해몽 게시판에는 수많은 사람들이 올라와 그 꿈이 잊혀지기 전에 구구절절이 꿈 내용을 올려놓는다. 자신이 원하든 원하지 않든 어떤 꿈은 아주 느닷없이 생생하게 한 편의 드라마 같은 꿈을 꾸기도 한다. 현실에서는 전혀 불가능한 일도 꿈속에서는 당연한 부분으로 재현되기도 한다.

　이러한 꿈들 중에 본인이 무당이 되어야 하는 당위성을 가장 많이 느끼게 하는 꿈 내용을 한번 적어 보겠다.

　"솜처럼 폭신폭신한 길을 걷는데 하늘에서는 천마가 수많은 보석이 영롱한 마차를 끌고, 말 위에는 황금 관을 쓴 동자가 한 손에는 칼을 한 손에는 오색꽃을 들고 내려온다. 하늘에서는 별들이 무수히 쏟아지고, 방울소리가 들리면서 천상의 목소리가 들리며 '얘야, 내가 왔다. 왜 이제야 오느냐!' 하며 고함을 치는데 천둥번개가 요란하며 산천초목이 부르르 떨며 산새들 산짐승들도 다 숨고 꽃잎이 우수수 떨어져 강물에 떠내려가니 영롱함이 천상세계를 보여주고 오색등이 번쩍거린다. 깜짝 놀라 깨니 꿈이었더라."

내용은 조금씩 달라도 꿈의 내용을 보면 대동소이하고 비슷비슷한 게 등장한다. 무구나 인물이나 소리가 다 이런 꿈을 반복적으로 꾸고 나서 자신만 선택을 받은 사람인 줄 알고 내림굿을 받았다는 사람들이 태반이다. 그러한 꿈들이 무당이 되라는 꿈인 줄 착각하는 많은 일반인들에게 나는 기필코 깨몽이라고 속지 말라고 말해 주고 싶다.

신비한 꿈을 꾸는 신기 왕한 나의 정신세계와 남의 인생을 상담해 주고 조상신을 불러 복을 빌어주는 신의 일과는 별개라는 것을 일러주고 싶다. 신의 일은 내 인생에 대한 책임감뿐 아니라 남의 인생에 대한 책임감을 가져야 되는 어려운 일이다.

19 무당은 꿈을 자주 꾼다는데?

　실제로 신기가 있어 무당이 되었고 기도생활을 많이 하거나 공을 쌓은 참무당은 제가집의 굿을 앞두거나 치성을 앞두고는 대부분 그 집의 신사에 대한 꿈을 꾼다. 그것도 정확히 그 집안의 조상신들의 모습이나 과거 살았던 행적이나 빈한함과 부유함의 정도 등등. 여러 종류로 보여주고 원하는 부분을 각인시켜준다. 이러이러하게 해주라는 조상들의 이끌음이 꿈으로 선몽을 해서 보여준다. 이러한 신들의 가르침이나 이끌음은 깨우침이 없는 무당의 모습에는 보여지지 않는다.
　이러한 깨우침이 있기까지는 부단한 신들의 세계에 눈높이를 맞추는 공덕이 있어야 된다. 어느 순간에 현란한 꿈만 계속 꾸었다고 덜커덕 내림굿을 받고 뭔가 신들이 다 알려줄 거라는 생각으로 남의 인생에 대해 말을 한다면 그것 또한 괴로운 일이 될 것이다.

어떤 애동이는 나을 찾아와 눈물을 쏟고 간 적이 있다. 조상신은 세서 손님은 바리바리 보내주는데, 한두 명을 빼고는 아무것도 아는 바가 없어서 점사를 볼 수가 없다며 하소연을 하다 갔다. 이미 신들이 지배해버려 일상적인 일은 절대 할 수가 없는 상태였다. 이러한 경우에는 신의 밥을 먹어야 한다. 대신 앞에서 언급한 공부, 수많은 인간 삶에 대한 공부를 해서 자신감을 가지고 양질의 무당으로 자신을 거듭나게 단련을 해야 된다고 본다.

그 정도의 신기를 가지고 다른 일을 하면 잘될 것 아닌가 하지만, 일단 내림굿을 받아 강한 신들이 접수한 사람은 거의 바깥일은 불가능하다. 소위 뒤집어진다고 하는 것을 명심해야 한다. 그래서 하나밖에 없는 인생을 섣부른 신기나 섣부른 맘으로 그냥 내림굿이나 해 볼까나, 아니면 관두고 식은 가장 위험한 발상임을 누누이 강조하는 바이다.

예화

나는 제가집의 신사를 앞둔 새벽녘 3~5시 인시경에 거의 꿈을 꾸는 편이다. 오랫동안 인터넷에서 꿈해몽을 해 주다 보니 꿈신이 붙었는지 세월이 가면서 더 영롱하고 신비한 체험도 많다.

신기는 왕하지만 일반인으로 살아가는 내가 좋아하는 조씨 동생이 있다. 늘 내게는 나이는 어려도 친구 같고 말벗도 돼 의지가 되곤 했다.

재작년 가을날 이미 내가 예견한 천수를 21일 넘기고 사시던 조씨 아버님이 갑자기 별세를 했다. 돌아가시던 날 새벽 살아생전 단 한 번밖에 본 적이 없는 그분은 나를 찾아와 "내가 예전에는 담벼락도 뛰어넘던 한량인데 옷이 없어서 못 간다."고 하셨다. 바로 앞에 앉아계신 어머니가 "여기 이렇게 옷이 세 벌이나 있으니 이제는 곱게 입고 가세요." 하며 황금수의를 쫙 피셨다. 오른손에 든 구두를 신고 이제는 앞문으로 나가셔도 된다고 내가 양손을 펴서 안내를 하는 순간 전화벨이 따르릉 울렸다. "언니, 우리 아버지 돌아가셨어!" 하며.

전라도 영안실에 가니 손에 마비가 와서 잘 못쓰던 그 어머님의 손이 편안히 움직였다. "우리 영감이 돌아가시면서 내 손을 고쳤나 보다."고 서럽게 우셨다. 여든이 넘은 나이에도 한량 같은 풍모로 한세상을 풍미하던 그분은 그렇게 가셨다. 왜 돌아가시던 순간에 단 한 번밖에 본 적이 없는 먼 곳의 나를 찾아와 "내 자식들을 부탁하오." 하고 가셨을까? 전생의 인연이 있었나 싶다.

20 무당의 겉모습과 속마음은?

무당들이 본의 아니게 욕을 먹는 부분 중에 욕심이란 것이 있다. 욕심이 너무 많아서 돈도 너무 밝히고 여타 스님이나 종교인처럼 자비롭지도 않고 희로애락이 분명하고 쌈도 잘하고, 분쟁도 잘 일으키고 등등.

이런 욕을 하는 사람들은 무당의 생리를 잘 몰라서 쉽게 하는 말이다. 무당이란 조상신을 불러서 자신의 자손들의 복록, 잘 먹고 잘 살고 원하는 부분을 풀어주고 해결해 주고 살아생전의 복을 구해주는 사람들이다.

살아생전의 욕망이나 욕심을 채워주는 말하자면 인간 삶의 해결사이지 사후세계의 무욕과 욕심을 버리면 극락이나 천국을 간다는 종교와는 거리가 있다. 물론 살아생전에 잘 먹고 잘 살고 또 잘 베풀면 후생의 공덕도 있는 것이지만, 근본적인 목적은 현생을 잘 살 수 있게끔 조상신의 능력을 끄집어내주는 사람이다. 어떻게 하면 그 사람들이 원하는 조상의 가려운 부분을 긁어내 비위도 맞춰주고 밥도 해 주고 떡도 해 주고 술도 한잔 부어주고 해서 당신 자손들이 잘 살 수 있게 되는가를 살펴봐주는 사람이다.

따라서 살아생전의 인간의 희로애락을 가장 잘 표현해 주는 사람이 무속인이다. 억울하게 죽은 영혼이 얹히면 슬퍼서 울고불고 하고, 욕심 많은 대감이 얹히면 끝없는 탐욕을 부리기도 하고, 힘센 장군이 얹히면 길길이 날뛰기도 한다.

이 땅을 살다간 조상신, 귀신들의 생생한 모습을 그대로 재현할 수가 있고 원통한 마음을 시원히 풀어주는 의사와 같은 정신적 치유를 할 수 있는 사람이다. 접신 순간만큼은 그 속마음이 무당만큼 순수한 사람들이 없다고 본다.

예화

무당이 된 지 오래되어 대감굿도 잘하고 장군놀이도 잘하는 아는 선배 무당은 수많은 영혼이 졸지에 사고로 간 자리에는 꼭 불려 나갔다. 수백 명의 원혼이 죽은 모 백화점 터나 지하철 참사 등에도 진혼굿을 할 때 여러 명이 같이 간다. 한 명 정도의 무당이 수많은 원혼을 달래주기엔 역부족이다.

접신이 되자 생닭을 손에 움켜 쥔 선배는 맨발로 단상을 오가며 이리 휙 나르고 저리 휙 나르는데 얼마나 빠른지 번개 같았다. 의식이 끝난 후 식사를 하러 갔는데 아직도 신이 덜 빠져나갔는지 눈동자가 가운데로 몰려 표정이 묘했다. "얘! 에미야, 아직도 정신이 안 돌아왔냐?" 하며 선생님이 웃으며 농을 하시었다.

하지만 현실로 돌아오면 두주불사라 말술을 먹고 남과 시비도 만만치 않고 한마디로 품행이 사납기 그지없어 선생께도 대들고 주사가 대단해 다들 피해버리곤 했다. 현실의 인간의 모습과 접신되어 훨훨 나르며 뭔가 원혼들을 달래주던 카리스마 있는 모습과는 전혀 별개가 되었다.

동전의 양면처럼 신이 공존하는 접신의 세계와 현실의 세계는 일반인들이 이해를 못 하더라도 엄연히 존재한다. 나는 일반인들이 모르는 신의 세계에 대해 되도록이면 이해를 시키고자 이 글을 쓴다. 접신된 순간만큼은 슬피 울던 무당의 마음이 진심임을 오해는 말기 바란다.

21 조상신은 무엇을 좋아하나?

　조상신을 부르다보면 기본적으로 좋아하는 것과 좋아하는 부분이 다른 것이 있다.

　의식주, 즉 밥과 떡, 옷, 술은 기본적으로 다 즐긴다고 본다. 굿상을 차릴 때 놓여지지만 어떤 떡을 좋아하는지, 어떤 색깔의 옷을 좋아하는지, 어떤 술을 좋아하는지는 각 조상신마다 다르다는 것을 오랜 무속생활을 한 무당이라면 어느 정도는 선몽이나 느낌으로 알 수가 있다.

　느닷없이 한겨울에 수박이 사고 싶다든지, 꿈에 푸른 옥색 옷을 입고 나타난 시어머니는 평소에도 옥색 옷을 좋아했고, 밝은 주황색 스웨터를 입고 다닌 할머니는 꿈속이나 신사 중에도 주황색 옷을 입고 환하게 웃는다.

　공수 중에도 조상신들이 원하는 부분을 알 수가 있다. 늘 흰옷만을 주로 해서 날려주는가? 흰옷이라는 것은 기본적으로 사람들이 그냥 흰옷을 해 주는 것이지 결코 귀신들이 좋아하는 색은 아니다. 겨울에는 춥고 여름에는 섬뜩한 느낌의 흰색을 누가 그렇게 좋아하겠는가?

쇠고기를 좋아하던 분은 쇠고기를, 돼지고기를 즐겨하던 분은 돼지고기를, 단 약과를 좋아하던 분은 약과를, 살아생전 좋아하는 것들이 조상신들을 부를 때는 그대로 재현된다. 격식만을 지킨 똑같은 제상을 차리는 것보다는 평소에 그분들이 좋아하던 음식이나 옷을 해드리는 것이 더 좋다고 본다.

술도 막걸리나 소주가 아닌 붉은 과실주를 좋아하셨던 조상은 과실주를, 평소 담배를 즐겨 피우시던 분은 담배를, 커피를 좋아하셨던 분은 따끈한 커피 한 잔이라도 바치는 것이 신의 눈높이를 가장 잘 맞춰주는 길이다.

신이 원하는 대로만 해 주면 신들은 그보다 더한 복록을 준다는 것을 믿어라.

예화 1

장군부리가 센 죽은 서씨네 동생은 청하지 않아도 늘 처형인 김씨네 신사에 느닷없이 먼저 나타나 시비도 걸며 술도 밥도 얻어먹으며 떼를 쓰기도 하는 등 의사표현이 분명해 금색의 좋은 비단옷도 한 벌 얻어 입었다. 그러면서 내 마누라가 언제나 돈 벌어 내가 남의 신사에 얹혀 이렇게 도둑밥을 안 얻어 먹냐고 한탄을 하였다.

세월이 가 돌아가신 환갑날이 되었다. 이번에는 온전히 부인의 돈으로 신사를 하였다. 돌아가신 그쪽 서씨네 조상들이 수없이 나오는데 웬 남루하고 마르신 할아버지들 네 분이 시비를 걸어 오셨다. "그래! 너는 좋겠다, 이놈아. 비단옷에 기름지고 우리는 거지같고." 하셨다. 아마도 일가붙이 중 가까운 아버지나 작은아버지 할아버지들 같으셨다. 나중에 새 옷들을 한 벌씩 해 드리니 그 손자가 공무원 시험에 붙었고 좋은 색시도 만나 경사가 겹치게 되었다.

무당을 오래 하다보면 이런저런 이유로 조상들의 원하는 부분에 초점을 맞추게 되어 수많은 옷을 해 주고 보관하다가 진적굿을 할 때 그 많은 제가집의 옷을 다 몸에 두르고 춤도 추어주며 원혼들을 달래고 놀아주는 걸립놀이도 하게 된다. 돌아가신 조상을 위로해 주는 방법은 찾아보면 너무 많다.

예화 2

혼인의식을 하던 중 신랑이 어리고 가난한 박씨네 조상과 튼실한 김씨네 조상 간의 알력이 대단했다.

지금은 아직 어리고 못살아도 나중에는 부자가 될 것이라며 자존심을 세우는데 색시에게 줄 것이 없었다. 신사 중 태극무늬가 들어간 금나비 노리개를 색시 쪽에 주며 혼인이 성사되길 바랐다. 신사 후 내가 운전을 해서 종로 4가 어느 금은방을 즉각 찾아들어가니 똑같은 모습의 노리개가 있었다. 하지만 제가집이 다른 더 좋은 것을 사준다며 두 시간이나 금은방을 다녀도 내가 접신 때 본 그 노리개는 맨 처음 그 집의 3돈짜리였다. 가난하여 3돈도 엄청난 선심을 쓴 것인데 덮어놓고 5돈이나 10돈의 더 좋은 노리개를 사려는 건 가짜이다.

　신사를 하다보면 금부치나 보석류에 대한 한이 맺힌 사람들도 있다. 어느 장씨 여인은 나이 50세 후반에 갑자기 죽으며 장롱 속에 아껴서 넣어둔 자수정 패물을 한 번도 해 보지 못하고 돌아가셨다고 우셨다. 맘이 아파 내가 내 돈 들여 자수정 세트를 사러 갔는데 신사 중 본 포도송이 모양의 큰 자수정 세트가 있어 사다가 법당에 이름 지어 모셔 놨다. 그 후 고마웠는지 장씨네 신사가 연이어 왔다.

22 조상신도 사돈지간은 어려운가?

　자손이라 하는 것이 모계와 부계의 만남에 의해 생기는 것이라 한 사람의 조상에는 반드시 두 성씨의 조상신이 있다. 다른 두 성씨의 조상들이 자손공을 구할 때는 같이 나오기 때문에 어떤 때는 조상신들끼리 점잖은 척하면서도 어떤 일에 대해 서로 비난하거나 야단을 치거나 서로의 책임을 떠넘기기도 하고 살아생전의 애증을 그대로 나타내기도 한다.

　서로가 별 탈 없이 잘 살고 있는 경우는 서로 좋게 대하지만, 이혼이나 사별로 홀로 됐을 때는 그 비난이나 원망의 정도가 심해져서 욕을 하기도 하고 울기도 하고 섭섭함이 극에 달하기도 한다.

　또, 두 조상들이 그 빈부차이가 심한 경우에는 한쪽 신이 다른 한쪽 신을 지배하려는 경향이 강해서 우습게 알기도 하고, 비웃기도 한다. 어쨌든 살아서든 죽어서든 그 조상신들의 영향력은 줄어들지가 않는다.

　잘살고 못사는 것은 다 조상신의 음덕에 기인한다. 두 조상이 서로 합심하기도 하고 맞서기도 하고 알력 중에도 자신들이 자손이 잘살기를 바라는 맘은 한결 같아서 도움을 줄 때는 합심해서 더 많은 복록을 준다.

　조상이 다른 남녀 두 사람이 만나서 일가를 이루고 다시 자손을 만들고 하는 인간의 번식은 개성이 다른 신들끼리의 화합과 불협화음을 사이에 두고 자신들만의 영역을 형성해가며 새로운 신흥세력을 구축하게 되는데, 신들 사이에도 보다 나아지거나 더 못해지는 신들의 세계가 자손들의 복록에 많은 영향을 끼치게 되는 것이다.

예화

　황씨 의사와 조씨 약사가 만나서 혼인을 했다. 겉으로는 엘리트끼리의 결혼이었고 모든 것이 완벽한 한 쌍으로 잘 살 수 있는 건 당연히 여겨졌다.

　하지만 세월이 가서 황씨 의사는 정치권에 손을 댔다가 빚만 잔뜩 지고 이 병원 저 병원을 뛰며 열심히 살아도 회생이 쉽지는 않았다. 조 약사는 애들도 보살펴야 되고 아르바이트만 하니 형편이 나아지지가 않았다.

　어느 날 황씨 의사가 답답함에 신사를 하는데 장인어른이 나오셨다. 내가 덩치도 있고 욕심도 있고 의사라고 해서 내 딸을 혼인시켰더니 이날 이때까지 고생만 바리바리 시킨다고 역정을 내셨다. "도대체 언제나 내 집 지니고 떵떵거리며 호강을 시켜줄 건지……. 애고, 답답한 이 사위놈아!" 하셨다. 하지만 먼저 나오셔서 술을 한잔 드시던 황씨네 조상은 "으

흠, 우리가 대대로 관이 높고 복록이 어마하던 집안이니 기다리든지 알아서 하시오. 대를 이을 아들을 낳아준 것도 아니고……." 하며 연신 술을 드셨다. 속은 상하지만 싸움을 하기도 그렇고, 전전긍긍하던 어색한 분위기를 잊을 수가 없다.

하지만 황씨 신사에서 그 정도 말씀하시는 사돈어른은 그래도 대단하다. 대부분의 조상신들은 누가 주도하는 신사이냐에 따라 등장을 꺼리기도 하고, 아니면 아예 입을 함봉하고 그냥 눈치만 보고 드시기만 하다가 가는 조상이 태반이다.

무당, 보살, 스님이 되는 사람들의 성격 차이는?

인간의 성격은 여러 가지로 다양하지만 무속인이나 종교인이 되고자 하는 사람들이 갖춰야 될 성격 중에 기질이란 것이 있다.

스님이나 종교인이 되는 사람들은 그러한 업에 종사하고자 하는 심상이 일반인보다 더 느긋하고, 유하고, 흔들림 없는 진중함이 있고, 조용함에 답답해하지 않고, 복잡하거나 번잡한 것은 싫어하고, 보다 정숙함에 가까운 심상을 소유한 물욕이 없는 사람이라면 좋을 것이다.

보살이 되고자 하는 사람은 남에 대한 배려나 봉사심이 깊고 욕심이 없으며 작은 일에 화를 내지 않으며 불쌍한 사람이나 장애인을 보면 먼저 솔선수범하여 보살펴주고 싶은 측은지심이 있어야 된다. 고단한 삶에 대한 원망이나 미움보다는 안분지족과 현실에의 만족 등, 격한 감정이 덜한 심상을 가진 사람이어야 편안하다고 본다.

무당이나 박수가 되는 사람들은 이러한 부분에서 확연히 구별 지워지는 경우가 많다. 성격은 급하고 욕심이 많고, 배려보다는 편견이 심하고, 자기세력에 대한 구축이 강하고, 타이름보다는 야단침이 우선이고, 자기 자신의 신이 최고라고 생각하는 자만심 등. 사실 인간의 희로애락의 모습을 훨씬 많이 닮은 사람들이 많다.

하지만 스님도 보살도 무당도 조건은 요구사항일 뿐 현실의 모습은 다 다르다. 어떤 경우도 각자 타고난 심상에서 벗어날 수가 없다. 심상이 착하고 높으면 결국은 다 똑같다.

예화

신기는 있는데 성격이 유순하고 동정심이 많은 충청도의 홍씨 보살은 평생을 보살이란 이름으로 여러 사람들의 일을 봐주었다. 절의 방을 하나 얻어 살며 집도 오가며 많은 자식들을 건사하며 먹고살았다. 절의 일도 봐주고 일반 제가집 일도 봐주고 내림을 받은 적은 없으니 그저 축원 정도로 신의 일을 하였다. 하지만 절을 오가며 반무당처럼 사니 늘 밥만 먹고 사는 반풍수로 평생을 살았다.

실제로 이렇게 신기는 있으면서 무당은 싫고 절의 보살 노릇을 하면서도 아는 소리를 하는 신의 일을 사는 사람들이 태반이다. 그래서 나중에 암자라도 하나 얻을 정도의 돈이 되면 작은 암자에서 살다가 여생을 마친다.

이런 보살들의 특징은 '나는 무당은 아니다'라는 생각이 깊은데 그러한 것은 높고 고상한 종교의 영향으로 스님들의 법문을 많이 들어서 생긴 고정관념일까?

참으로 어리석은 생각이라고 본다. 어떤 모습 어떤 행위가 무당처럼 하면 천하고 보살이나 스님이 하면 고상한가? 어차피 인간의 삶은 역동적이고 드라마틱하고 한없이 파란만장한 삶을 살다가는 것인데 어떤 식의 위로가 정법이고 어떤 식의 행위가 위법인가? 어떤 경우도 무당, 보살, 종교인들은 다 같은 신의 일을 하는 사람일 뿐이다.

24 조상신들이 좋아하는 공덕 행위는?

　조상공을 드리는 행위는 여러 가지가 있다. 그 중 굿을 하는 행위, 절에 가서 공을 드리는 행위, 아님 천주교 신자였던 분은 성당에 가서 미사를 드려주는 행위 등등. 모든 것이 드려주는 사람 맘대로라고 생각하면 안 된다.

　오래전에 돌아가신 조상들의 종교를 알기는 어렵고 바로 위에 돌아가신 부모님 정도의 종교는 알기가 쉽다. 그분들이 별로 종교적이 아니었던 사람들은 자손의 현재 종교에 따라 그 격식대로 공을 드려주면 되지만, 본인들이 불교나 기독교의 믿음 정도가 확실했던 조상들은 그분들의 종교에 맞는 격식의 공을 드려주는 행위가 꼭 필요하다.

　많은 제가집 사람들이 나는 교회를 다녀서 그래서 부모님 49제를 안 지내줬는데 괜찮냐? 우리 부모님은 절에 다녔고 위의 할머니는 보살 노릇을 했었는데 그러면 어떻게 해야 되는가 등등. 돌아가신 조상들도 조상대로의 선호도가 분명하다. 싫은 건 싫은 거고 좋은 건 좋은 거다. 살아생전 교회 문턱에도 안 가봤는데 예수님의 이름으로 공을 드려주는 것은 낯설 테고, 반대로 살아생전 교회를 열심히 다니던 권사님을 불교식대로 공을 빌어주면 싫어하지 않겠는가?

자손이 잘되기를 바라는 조상들도 자신들의 비위에 맞는 의식행위를 좋아한다. 내 종교보다는 돌아가신 분의 종교나 믿음에 눈높이를 맞추면 훨씬 더 편안하고 복 받는 일들이 많고 만사 잘 풀리는 것을 믿기 바란다.

예화

경상도에서 유통업을 크게 하는 김씨네 안당 한씨 엄마는 늘 마음이 편안하고 심상이 깨끗한 분이다. 작년에 친정어머니가 돌아가셨는데 어머님은 교회를 열심히 다니시던 권사님이셨다.

어머님이 교회를 다니셔서 49제를 해 주어도 되는가 물어보았다. 내가 49제란 49일 만에 저승문이 열려 영혼이 극락이나 천당을 찾아간다는 하나의 의식이니 안 해 드려서 본인 마음이 불편하면 하시라고 말을 했다.

신사날 꽹과리 소리가 나자 머리 위에 작은 나팔을 부는 천사 둘이 좌우로 떠있었다. 부르니 어머님은 나왔지만 왠지 표정이 밝지는 않으셨다. 몇 번의 저승문을 건너는 의식이 진행되는 동안 마지막 문에까지 당도하는데도 저승으로 가실 생각이 없으신 듯했다.

나는 제가집 한씨 엄마에게 아는 찬송가가 없냐고 물었다. 한씨 엄마는 교회를 안 다녀서 아는 것이 없다며 난색을 표했다. 갑자기 내 입에서 "내게 강 같은 평화, 내게 강 같은 평화!"라는 찬송가가 우렁차게 흘러나왔다. 한씨 엄마도 어찌 아는지 둘이서 손뼉을 힘차게 치며 노래를 불러드렸다. 그렇게도 미동도 안 하던 어머님이 어느새 밝은 미소를 띠며 "만신님, 고맙구료. 얘야! 잘 있거라!" 하며 나팔 부는 천사 둘을 따라 어딘지 모르는 블랙홀 같은 저세상으로 휙 하며 떠나가셨다.

눈 깜박할 사이 일어난 일이다. 그렇게 별별 방법으로 영혼을 위로하며 천도를 바랬어도 찬송가 한 구절의 위력을 따를 수는 없었다.

다 끝난 후 "만신 입에서 찬송가를 다 부르게 하다니……." 하며 힐난하는 내 마음도 제가집 한씨 엄마만큼이나 새털처럼 가볍고 푸근했었다. 사람 죽어 된 영혼은 영혼일 뿐 그밖에 무슨 다른 의미가 필요할까?

25 공을 드리는 것은 대리인도 가능한가?

공을 드려준다고 할 때 늘 듣는 말들이 누구누구 오냐? 하는 말이다. 우리 아들이 오면 좋은데 우리 아들은 이런 공드리는 행위를 싫어한다거나, 아니면 종교가 달라서 우리 아들이 알면 큰일난다고 한다거나, 직간접적으로 연관이 되어서 돈을 내는 사람하고 공을 드리는 사람이 다를 때가 있다.

어떠한 경우도 신위를 써놓고 그 집 조상을 불렀을 때 안 나타나는 경우는 없다. 이미 귀신이 된 경우는 부르면 다 나오신다. 하지만 내가 보고 싶은 사람이 없거나 안 보일 때는 섭섭함이 그대로 묻어나온다.

오씨네 제가집에서 돈만 주고 비명횡사하신 천씨 어머니의 옷을 해서 원혼을 위로해 달라고 한 적이 있었다. 부르니 그 어머니는 나오셨지만 나를 빤히 쳐다본 채 아무 말씀도 안 하셨다. 사실 그 어머니는 아들이나 며느리의 얼굴 모습이 너무나 보고 싶으셨던 거지 만신을 통해 구구절절이 하고픈 말은 없었거나 아니면 심정이 상해서 삐지셨거나 둘 중 하나라고 생각한다.

그래도 순박하고 착해서 이런 밥, 술, 옷이라도 해놓고, 작은 치성이라도 드려주는 만신에게는 아무런 화를 내거나 나쁘게 할 의사는 없다는 뜻으로 그날 이후 조상이 같은 오씨 성씨의 신사를 여러 건 데려다주는 수고까지 하셨다.

공을 드리는 것은 대리로도 가능하지만 꼭 필요할 때는 그 조상이 보고파하는 사람은 그 신사에 참석하길 부탁드린다. 이왕이면 조상이 원하는 부분을 들어주는 것이 더 복록을 받는 삶의 지름길이 되니까.

예화

방씨네 할머니는 치매가 걸려 벽에 똥칠을 할 정도로 오래 사셨던 분이시다. 말년에는 자식보다는 사돈네 공장에서 외로운 삶을 사셨다. 돌아가시고 49제를 하는데 가장 보고 싶다던 예순이 넘은 큰아들은 절대 이런 일에는 참석을 하지 않는다고 했다. 타성받이 배다른 자식과 며느리가 참석해 신사를 하는데 아무리 똑바로 절을 해도 며느리의 몸이 자꾸 옆으로 틀어졌다. 섭섭하셔서 절을 안 받겠다는 것인지, 너무나 한도 많은지 서럽게 울다울다 끝난 49제였다.

100일 탈상하던 날 아들손자를 깨워 쌀을 법당에 가져가라고 하려니 아무리 깨워도 안 일어나고, 운전해 줄 딸도 없고, 그렇게 보고 싶어 하던 늙은 큰아들이 쌀만 져다주려고 얼떨결에 왔다가 100일 탈상식에 참석하게 되었다. 울기는커녕 돌아가신 어머님이 얼마나 좋아하시는지 반가워서 웃다가 맛있게 밥 한 공기를 다 비우는 아들을 흐뭇하게 쳐다보던 할머니의 마지막 모습을 잊을 수가 없다.

　망인의 마지막 인사는 이렇게 애달픈데 살아있는 남은 자손들은 어느 정도나 느끼며 살까?

26 조상이 전혀 다른 사람의 공도 들어주나?

사실 공을 드려주는 사람은 직간접적으로 영향이 있는 사람이라고 했다. 그런데 사회적 통념에 맞지는 않지만 그 사람도 모르게 그 사람의 조상을 불러 공을 드려주는 행위를 했을 때 그 사람은 복을 받을 수 있는가?

예를 들면, A라는 부인이 따로 있는 B남과 동거하는 C라는 여인이 B남을 위해 공을 드려줄 때 그 조상이 들어주는가 하는 것이다. 이러한 경우는 인연을 보는데, 인연이 전생에서도 연관이 있어 서로가 좋은 관계였고 현생에서 따로 다시 만난 인연인 경우에는 물론 효과가 있다.

어떠한 경우에는 그쪽 B의 조상이 나타나서 공을 드려주라고 선몽까지 하는 경우도 있다. 어찌됐든 받아먹고 복록을 꼭 주고 싶다는 맘이 동하면 현생에서의 부부관계나 사회통념은 넓은 안목으로 볼 때의 복과는 무관하다는 생각이 든다. 따라서 이혼도 흔한 세상이지만 꼭 내가 이 사람의 호적상 부인이라는 위치만 가지고 그냥 방치하는 것과 정말 사랑하기 때문에 진심으로 드려주는 공하고는 많은 차이가 있다.

내 조상은 나를 이 세상에 있게 한 장본인이기 때문에 나를 가장 사랑할 수밖에 없는 천륜이라고 했다. 그러면 현생에서도 부부의 인연이 아니어도 상대를 정말 아끼고 사랑하는 경우의 진심은 귀신들에게도 통하는가 싶다.

인생살이든 사랑이든 만만한 건 하나도 없다. 조금만 방심을 하거나 소홀히 해도 항상 대타가 나타나고 조상들조차도 그걸 알아차리는 세상이니 허울만으로 상대를 대하면 귀신도 단박에 알아차린다.

예화

산 높고 물 맑은 정기를 갖고 태어난 권씨 성의 막내는 영동에 본가를 둔 채로 송씨 성의 학 같은 여인을 만나 살고 있었다. 요즘 사람 같지 않은 맑고 조용한 심상의 고급 공무원인 송씨 여인 꿈에 세 사람이 자전거를 타고 산길을 오르는데 너무나 힘이 들게 정상에 오르니 할아버지가 큰 핸드폰을 주며 "잃어버린 네 것이 맞다!" 하며 부득부득 주셔서 받았다고 했다. 늘 권씨가 자기를 만나 운이 안 피는 거 아니냐며 애끓어했었는데 무슨 꿈인가 했다.

건설업자인 권씨가 큰 공사를 앞두고 계약이 될 듯 말 듯한 상태가 며칠 안 남은 때인데 송씨 여인은 사랑하는 사람을 위해 몰래 즉각 신사를 하였다. 그 후 며칠 뒤 어마어마한 지방 경기장 공사를 따내게 되었다. 얼마 뒤 산을 폭파하는 대공사이니 와서 터고사를 지내달라는 전화가 왔다. 두 사람 다 얼마나 기뻤겠는가. 조상의 의중을 파악해 적시에 안타를 친 것이 적중을 했다.

다 된 밥에 재를 뿌리는 경우도 있지만, 다 된 밥을 뜸만 들이면 맛있는 밥이 되는 경우가 훨씬 많다는 것을 믿기 바란다.

27 조상공, 제살행위는 본인이 직접 할 수가 있나?

　조상에 대한 예우는 일반적인 제사, 즉 설날이나 중추절의 합동 제례나 돌아가신 부모님이나 윗대의 제사는 자손들이 직접 해도 무방하다. 시월상달의 터고사 정도도 간단히 지낼 수는 있다고 본다. 하지만 어떤 사안에 대해서 안 좋은 일이나 부탁이나 대가성의 일들에 대해서 본인의 일뿐 아니라 남의 일을 대신 풀어주거나 공을 드리는 행위를 스스로가 상을 차려놓고 한다는 것은 참으로 위험한 발상이다.

　조상신의 일을 오래하다 보면 어떤 제가집 손님들은 스스로가 마치 무당이나 만신인 것처럼 행위에 대해서 자꾸 물어본다. 오늘은 장사 잘되라고 재수고사를 지내고 싶은데 막걸리, 팥시루떡 하나에 북어를 한 마리 통째로 놓나요? 하다가, 밥도 해놓나요? 나물도 세 가지 놔요? 대추나 밤은요? 과일은요? 돼지고기도 놓을까요? 등등.

아예 무당의 상차림을 재료비만 들여서 본인 스스로가 하려고 하는 사람들이 있다.

일본은 신의 나라이다. 절을 가도 길을 가도 우리나라 상밥처럼 차려진 곳도 있고 새끼줄을 꽈서 매어놓기도 하였다. 하지만 절에는 항상 스님들이 있어 사람이 동전이라도 던지면 대신 공을 드려준다. 인간의 소원이 신께 닿지가 않아 매개 역할을 해 주는 신적인 사람들이 대신 전달을 하고 풀이를 한다.

공을 드리거나 구복, 제살행위는 무형의 행위이다. 현실에서 재료비가 얼마니까 내가 직접 차려 공드리고 복 받고자 하는 생각은 너무나 어이가 없다.

상차림이 푸짐해지고 스스로가 빌기 시작하면 뭐가 붙어도 붙고, 재미가 있어진다. 영검해지는가? 점점 예지력이 생기는가? 희미한 무언가가 보이는가? 자꾸 그리 해 보아라. 근본 없는 만신이나 무당이 되는 지름길이 될 것이다.

일반인은 일반인의 삶에서 벗어나지 마라. 매매가 됐든 삼신공이 됐든 횡액 삼재풀이가 됐든 신의 일을 하는 전문가에게 부탁하기를 재삼 부탁한다. 섣부른 무속행위는 귀신만 불러 트러블만 생길 뿐 아니라, 특히 남의 악운이나 질병에 대해 제살(除殺)시켜준다는 어설픈 행위는 큰 화를 자초할 것이다.

28 그 무당과 인연이 있는 조상은 따로 있는가?

한 무당이 모든 성씨의 조상공을 드려줄 수는 있지만 그 무당에게 인연이 좋은 조상들의 제가집만 복을 받는다는 말이 사실일까? 맞는 말이다.

공을 드려서 제살(除殺)도 되고 발복(發福)도 되고 공드린 집에서 흐뭇할 정도로 일이 잘 풀리는 경우가 있다. 어떠한 경우는 무당과 개인적으로 친해서 너무나 공을 잘 드려줬는데도 복은커녕 나쁜 일은 나쁜 일대로 일어날 때, 이러한 경우는 무슨 까닭일까? 이러한 경우는 그 조상이 공드려주는 무당 줄기보다 아주 높거나, 아니면 전생의 인연이 없거나 나쁘거나 하는 경우이다.

무당과 친한 건 친한 거고 여러 번 공을 드려도 아무런 복록을 못 받거나 다른 건 몰라도 횡액이나 사고, 구설이 여전히 끊이지 않을 때는 다른 무당이나 종교인을 찾아보라고 권하고 싶다.

인연이 아닌 경우는 조상이 전혀 미동도 하지 않는 경우를 보았다. 절이 싫으면 중이 떠나면 되는 것처럼 잘해 주던 그 무당과의 인간관계가 좋았는데도 복을 못 받거나 나쁜 일이 전혀 제살이 안될 때는 원망은 말고 그저 조용히 헤어지라고 말하고 싶다. 인간관계와 신의 관계는 동일하지 않다.

나쁜 일은 제살이 잘되는데 복록만 못 받은 경우는 좀 보류를 하라고 말하고 싶다. 복록이 바로 코앞까지 와있는데 떠나는 경우는 오히려 제 복을 발로 차는 경우로 이제 공덕이 하늘에 닿아 곧 운이 오는데 그 시점에 포기를 하는 것은 여태껏 들인 공이 아깝고 아쉽지 않은가?

이럴 때 구관이 명관이란 말이 필요하고 그래도 그동안의 정이 있고 들인 공덕 중에는 그 만신에 대한 그 조상들의 보답도 있어 누이 좋고 매부 좋고 서로가 고마움이 생기고 인간관계가 신의 관계까지 연결되어 후생의 좋은 인연으로까지 연결되기 때문이다.

예화 1

무당과 제가집 손님과의 인연은 무당 스스로의 느낌이나 감으로 아는 경우가 대부분이다. 느낌이 왠지 이 신사는 하고 싶지 않다거나 아무런 공덕도 빌어주고 싶지 않다거나 하는 경우, 해 주지 않는 것이 낫다고 본다.

이웃 빌라에 살던 이씨 할머니가 돌아가셨는데 절대로 화장만은 말아 달라고 유언을 하였다. 하지만 연세도 80세 넘어 돌아가시고 큰며느리가 얼마 전부터 복음이 센 교회를 다니게 되어 유언을 무시한 채로 화장을 하였다. 바로 장사지내고 온 날 밤 며느리가 쓰러져 반신이 마비가 되었다. 다음날은 큰아버지가 얼굴에 마비가 와 돌아가고, 옆 동에 살던 갓 군대를 제대한 작은아버지의 아들이 팔다리에 마비가 왔다. 갑자기 세 집안에 일어난 이상한 일에 다들 아연실색을 하였다.

전혀 친하지 않은 아저씨가 두 시간째 나를 기다리는데 아예 만나고 싶지 않았다. 늦게 들어오니 가고 없었다. 공연히 부아가 나며 쓸데없이 나는 왜 기다리냐며 화를 내었다. 그보다 더한 우환도 풀어주었었지만 왠지 해 주고 싶지 않았던 내 느낌은 지금도 모르겠다.

예화 2

상담을 하는 곳이 법당이고 이미 나의 신들이 그 손님을 보고 있는데 아무나 돈만 준다고 다 뭔가 일을 해 준다는 것은 아니라고 본다.

하남시의 장씨 무당은 하고 싶지 않은 49제를 야밤에 하다가 갑자기 실종이 되어 사람들이 난리가 난 적이 있다. 날이 밝아 찾아보니 작은 절벽에서 발을 헛디뎌 굴러 떨어져 얼굴이 긁히고 다리가 부러지는 사고를 당한 적도 있다. 귀신을 천도하려다 본인이 귀신에 홀려 사고를 당한 어이없는 신사였다.

예화 3

김포의 조씨 무당은 제가집 할머니가 헛소리를 하며 치매도 아니고 귀신도 아니라는 소리를 듣고 자신 있게 본인이 해결해 준다며 천만 원을 내라고 하였다. 자식 5명이 각자 이백 만원씩 마련을 해서 갔는데, 자신과 인연이 아니니 풀어줄 수 없다고 그제야 거절을 해 진짜 양심이 있는 무당인지를 내게 의뢰했다.

나는 거저 풀어주마 하여 정신이 어느 정도는 온전해진 할머니가 편안한 삶을 살다가 가시게 했다. 한평생 보시만 하여 지은 공덕이 많아 돈도 필요 없는 분이셨다.

29 조상신끼리, 귀신끼리는 서로 통하는가?

어느 제가집 신사를 받아놓고 나면 적어도 제대로 된 무당이라면 하루나 이틀 전쯤 꿈을 꾸게 되는 경우가 다반사이다. 아니면 잠깐 신사를 고하는 공을 드릴 때 그 조상이 나타나는 선몽을 받게 된다. 무당이면서 굿이나 치성, 가림 등의 신사를 앞두고 맨송맨송하다면 그건 무당 자질을 의심하게 된다.

한 사람이 태어나는 것은 두 성씨의 힘을 받아 이 세상에 나오게 된다고 앞에서 말했었다. 그 두 성씨 중 부모 양쪽의 위치를 떠나 강한 성씨의 조상이 나오든 아니면 더 약한 성씨의 조상이 나와서 강한 성씨의 조상께 부탁을 드리든 어떠한 모습으로든 그분들이 원하는 부분을 잠깐이라도 연극처럼 보여주는데 그 모습도 각양각색이다.

신사를 하다 보면 너무나 정확하게 어떤 일련번호처럼 같은 성씨의 조상굿들이 죽 연이어 오는 것을 경험하게 된다. 김씨 조상공을 드려주면 김씨 조상가리가 죽 연이어 오고, 강씨 신사를 해 주면 강씨 신사가 연이어 오고, 송씨 신사를 하다 보면 송씨 신사가 연이어 오고. 이 시차가 3~7일 정도에 몰려오며 적어도 두 주일을 안 넘긴다. 마치 내가 먼저 공을 받아야 된다는 선착순의 느낌을 받아 미소 짓게 한다.

신의 소리를 들을 줄 아는 무당이 연말 정초에만 바쁘고 한여름에는 한가하다는 건 착각이다. 늘 삶은 진행형이고 시도 때도 없이 태어나고 죽고, 문제가 일어나고 풀어주고 해야 하는데 연중 한가한 때가 따로 있다는 건 일반인들의 생각이다. 내가 아는 모 건설회사는 장마철마다 일을 벌여 비가 억수로 오는 그때마다 그 터에 가서 집도 부수고 건물도 철거하고 하는 일을 집전해 준 일이 있다.

조상신 말고 죽어 귀신이 된 사람들끼리도 서로 통하는 게 있다. 특이한 것은 죽은 상황이 같은 귀신끼리 통할 때가 많아서 신기하다 못해 섬뜩한 느낌을 받은 적도 있다. 떨어져 죽는 것이 어디 쉬운 일인가, 추락사한 귀신굿도 같이 오는 것은 우연이 아님이 분명하다.

예화

야채장사 최씨 아줌마는 일찍 남편과 사별하고 강씨네 세 자녀를 열심히 키웠다. 세 자녀가 동시에 돼지띠, 토끼띠, 양띠 삼재가 들어왔는데 삼재풀이도 못한 채 세월이 가다가 갑자기 시장 일을 도와주던 막내아들이 대전의 6층짜리 건물에서 떨어져 죽었다는 연락을 받았다.

자살인지 뭔지도 모른 채 19세 그 어린나이의 총각이 자동차 빚만 이천여 만 원을 지고 죽었다니 얼마나 황당한가. 혼백을 위로도 못한 채 삼년 세월이 흘렀을 때 우연히 길에서 만난 최 여인은 그때까지도 넋이 나간 듯이 중얼거리기도 하고 자식 잃은 슬픔에서 채 빠져나오지 못한 듯했다. 아직도 삼 년 할부로 아들 빚을 갚고 있다 했다.

원혼을 위로해 주는 신사를 하는데 갑자기 그 아들이 나타나 "아줌마 저 아시지요, 저 아무개예요. 우리 엄마네 아파트 앞의 횡단보도를 조심하라고 말 좀 해 주세요, 나 쫓아 우리 엄마 돌아가실까봐서요!" 했다. 저 죽은 지 삼 년 만에 다시금 어떤 모진 귀신이 기다리고 있는 것을 그 효자 아들이 알아서 알려 준 것일까? 고맙다고 고맙다고 인사하며 신사는 끝이 났다.

그 후 3일 뒤, 인터넷을 보고 전혀 모르는 29세의 돌쟁이 애 엄마가 남편을 물어보러 왔다. 말인즉, 올해 입춘 때 회사 옥상에서 남편이 추락해 죽었다는 것이다. 왜 남편이 죽었는지, 자살인지 타살인지를 알고 싶어 했다. 하지만 막상 신사날이 닥치니 남편의 혼백을 만난다는 것이 두려웠는지 돈만 부치고 못 오겠다고 했다.

그 후 남편은 꿈에서 빨갛게 머리를 염색하고 나타났고 실제로도 나를 쫓아다니길 스무 날도 넘게 했다. 우리 마누라 얼굴이라도 보고 할 말도 있는데 왜 안 불러다 주냐고 시비를 거는 듯했다.

애기 부적을 주겠다고 잠깐 오라고 하고선 남편 혼백을 불렀다. 젊은 나이에 가니 짧은 인연이었고, 얼른 이 법당에서 나가지 않으면 제삿날 내가 밥 한술 술 한잔도 아니 대접하겠다고 하니 울면서 갔다.

"형! 수미원에 가보세요. 가시면 그 선생님이 형이 보고 싶어 하는 형수님도 불러주고 하고 싶은 말도 들어주실 거예요!" 하며 그 영혼을 내게 보낸 것일까? 하지만 몇날 며칠이 가도 마누라는 안 온다고 하고. 쓸쓸한 영혼이었다. 스물아홉 동갑이었던 부인은 그 충격과 불행에서 빨리 벗어나기 위해 재혼을 꿈꾸고 있었다.

30 조상신, 귀신들은 미래가 다 보이는가?

　무당들이 접신이 되어서 가장 믿는 구석이 조상신이나 신령님들의 미래 예지력이나 신통력이다. 따라서 그분들의 말을 맹종하여 시키는 대로 말하거나 행동하다가 큰코다치는 경우가 종종 있다. 과연 인간이 아닌 죽어 된 귀신이나 조상신들이 인간의 미래나 현실이 아닌 미래에 일어날 일에 대해 다 알고 있는가 하는 점이다. 정답은 다 알고 있지 않다는 것이다.

　만약에 접신이 되는 무당들의 그 수많은 신들이 미래에 대해 정확히 예견하거나 추측을 한다면, 현재 일어나고 있는 수많은 사고나 테러 등 나쁜 일에 대한 정확한 예방이 가능해야 하고 좋은 일은 빨리빨리 먼저 알아야 한다.

　그렇다고 치더라도 인간의 미래 예지력과 신의 미래 예지력과는 판이한 차이가 있다. 우리가 꾸는 꿈만 봐도 조상이 꿈에 나타나 금덩이를 주거나 계속 같은 꿈을 연이어 꾸어 무언가 말해 주고자 하는 것은 현실적으로 로또당첨이라도 되거나 그대로 이루어지는 경우가 많다. 적어도 나쁘거나 좋거나 하는 정도까지의 예지력은 조상신을 쫓아갈 수가 없다.

만약에 조상님들의 말씀이나 예건이 아주 그릇된 거라면 그 많은 신들의 오묘한 세계를 알고 접하고자 하는 일들도 없어져야 될 터인데, 오히려 과학이 만연하는 21세기 이 시대에 배우고 똑똑한 사람들이 기를 쓰고 신에 의지해서라도 대박이 터지기를 꿈꾼다는 건 아이러니컬한 일이 아닐까? 똑똑하고 자신이 잘났다고 생각하는 사람들의 사고가 오히려 열려있다. 뭐든 다 의지해 무조건 남보다는 잘되기를 바라는 욕심이 신이든 현실이든 모든 방법에 대해 열려있는 마음을 가지게 한 것이다.

예화

일전에 높으신 신령님을 모시는 유명한 무당이 현 정국이나 북한의 동향에 대해 예언을 한 적이 있다. 그 지도자는 얼마 안 가서 부황에 걸려 죽을 거라는 말을 하며 북한은 얼마 안 가 체제가 무너져 망할 거라고도 했다. 십 년 세월이 흐른 지금도 그 지도자는 그런대로 건재하고 북한은 아직 멸망하지 않았다.

어떻게 그 높으신 신령님이 거짓 공수를 주어 망신을 시킨 것일까? 얼음물에 목욕재개하고 수십일 산기도를 했다고 미래가 환히 보이지는 않는다. 그 도사님도 맘에 안 들고 백성들을 고생만 시키는 그런 지도자는 없어지고, 북한은 얼른 망해 좀 잘살게 해 주고 싶은 마음이 앞섰던 것이 아닐까?

신이 높은 무당은 이런 헛공수조차 자신의 예지력으로 판단해 함부로 발설을 해 구설을 만들지는 않는다. 물론 자꾸 물어봐 두루뭉수리로 말을 하면 또 일반인들은 신통력이 있네 없네 하며 몰아붙이기도 한다. 하지만 공격을 받을지언정 센세이션한 말로 민초들의 가슴을 놀라게 하는 깜짝쇼는 조상신을 믿고자 하는 많은 자손들에게 오히려 불신의 그늘만 만들 뿐이다.

어떻게 무당이 모든 미래를 면경처럼 볼 수 있다고 믿고들 있는가? 확률은 반반이거나 잘해야 80대 20의 법칙을 벗어나지 않는다.

신령님들께서 분명 미래 예지력이 있으시고, 무당 또한 예지력이 있고 스스로도 사려 깊고 품격 있는 신의 대변인이 될 때 그것이 복 있는 삶을 이끌어주는 최선책이 될 것이다.

31 세상살이의 정확한 미래 예측을 원하는 이유는?

수많은 사람들이 이 어렵고 복잡다단하고 힘든 세상살이에서 가장 궁금해 하는 모든 부분들은 '미래'에 몰려있다. 이미 살아온 삶은 나의 과거이고 되어진 상황이나 저질러진 상황이고 잘잘못도 다 알고 포기할 부분은 스스로들도 포기해 오히려 편안한 상태가 되어져있다.

하지만 미래에 대한 부분은 그렇지가 않다. 나는 과연 이렇게 힘들게 세상을 살다가 갈 것인가, 나는 이렇게 한번도 펴보지도 못하고 어렵게 살다가 이 세상을 하직할 것인가, 하는 불안한 부분들과 초조한 부분들(재물, 이혼, 자식, 사업, 질병, 수명 등등)은 인간 군상들이 알지 못하고 알 수도 없는 미래의 일이다. 정확한 부분만 안다면 그것에 맞춰서 삶을 잘 꾸려갈 수 있고 대비도 잘할 수 있다는 생각이 너무나 간절하기 때문에.

그래서 일반인들은 답답한 맘을 유명하다는 무당, 갓 신내린 사람, 고명한 역술인, 절의 스님들께, 혹은 성직자들께라도 가서 미래를 묻곤 한다. 이 사람들의 특징은 어떤 직책으로 구별되어지는 것이 아니라, 일반인과 신의 세계를 좀 아는 사람들과의 차이로 구분된다.

앞서도 말했지만, 현생의 일에 대해서 말해 주고 인도해 주는 무당, 보살, 박수, 법사 등은 현실적으로 훨씬 인간적이고 욕심 많고 미래에 대해 말을 해 주거나 이끌어주는 사람들이다. 그리고 그 말에 의존해 문서를 잡거나 이사를 가거나 실제 행동을 하게 한다.

신의 언저리에서 왔다 갔다 하는 사람들이 영 못미덥고 싫은 무신론자라는 사람들은 혼자서 끙끙대며 판단해 미래의 행동을 결정한다. 물론 맞든 안 맞든 자신의 판단에 따라 향방을 결정하기 때문에 누구를 원망할 수는 없다. 모든 건 자신의 판단에 의지해야 하니까.

미래는 이렇게 쉬지 않고 흘러들어와 다시금 현재를 거쳐 과거가 된다. 순간순간의 선택이 평생을 좌지우지할 때 그 답답함을 누군가에게 물어서 결정하려는 때, 보다 정확한 예지력을 갖춘 사람을 찾을 수밖에 없고, 그 예언이 잘 맞아 들어갈 때 그 사람하고 신의 일을 하는 사람하고는 연분이나 유대관계가 돈독해질 수밖에 없다.

예화 1

인터넷 사이트를 보면 신의 일을 한다는 사람들이 개설한 홈페이지가 수도 없이 많다. 전화상담 등 누구누구가 족집게라고 하여 신문광고 지면을 채우는 무당이나 점바치들이 도배를 하는 세상이니 누가 진짜이고 가짜일까?

어느 날 중후한 목소리의 남자가 전화로 예약을 하였다. 찾아온 사람은 그 목소리의 사람이 아니어서 물으니 직원이라 하였다. 2개를 놓고 사주를 보는데 어떤 사주가 그 사람 것이냐고 물었다.

물음의 요지는 다음과 같았다. "몸이 많이 아픕니까? 네, 하지만 아직 안 죽습니다. / 왜 일정은 늘 안 잡혀 있나요? 즉흥적으로 움직이기 때문이지요. / 왜 부인은 공식적인 사람이 정해져 있지 않나요? 일단 배우자가 되면 흥미를 잃는 성격이지요. / 왜 후계는 안 정하나요? 성격상 누수현상을 제일 싫어하지요. / 내년 운세는요? 생각보다 좋습니다. / 금방 망합니까? 아니요, 그렇게 쉽게 망하지는 않지요." 운세보다는 심리적인 부분을 1시간 이상이나 자상히 물어봤다.

나가면서 영수증을 원했다. 누구인지는 모르지만 새해가 되면 각 부처마다 그해의 동향이나 정책의 방향에 대해 써내야 되는 경우가 있을 것이나. 하물며 알지도 못하고 가 볼 수도 없는 곳의 정보는 얼마나 속이 터질까? 재미있는 경험이 많다.

예화 2

모 방송국에서 양밥이나 주술에 대해서 문의가 들어왔다. 사람에 대한 저주는 어떤 것들이 있고 실제로 효과가 있냐고 하는 내용이었다. 내가 출연할 수가 없다고 하니 자막처리를 해 주고 음성변조를 해 주겠다고 조른 적이 있다.

　최근에는 다른 방송국에서 어떤 사람이 집나간 부인의 양말을 여러 개 문에 걸어두고 얼굴 그림에는 수도 없이 바늘을 꽂아놨는데 그런 행동은 무엇인가 물어왔다. 실제로 얼마나 많은 사람들이 암암리에 이런 주술행위를 하는지는 모르지만 대표적으로 부인이 첩을 떼기 위해 하는 점사행위도 이런 맥락에서 벗어나지 않는다.

32 미래 예측을 잘하는 무당과 아닌 무당은?

인간의 미래를 잘 보고 예언을 잘한다는 유명한 무당이나 점술인들을 보면 늘 손님도 많고, 신사도 많다. 밥술깨나 먹고사는 정도가 아니라 그 중 일부는 아주 거부로 살고 권력도 누리고 떵떵거리고 잘산다.

사람들이 묻는 말들이 점술업을 하는 사람들은 왜 재물이 안 모이고 잘 못사느냐는 것인데, 천만의 말씀이다. 점술업도 직업이라고 보면 한쪽 면만 본 것이지 '파레트의 법칙'은 어디에도 적용된다. 일반적으로 못사는 80%를 본 것일 뿐, 20%의 잘사는 사람들을 보지 못한 것이다.

미래를 잘 보는 무당에겐 높으신 신령님의 정확성 높은 예언과 포용성으로 관이 높은 사람들이나 부자들이 몰리게 된다. 신이 낮아 무식한 무당은 그저 밥만 먹고 살아도 다행이지만 나름대로 자신의 수준에 맞는 서민들과는 친해서 곧잘 사는 것을 봤다. 귀신들끼리도 끼리끼리 스트레스 안 받고 저희들끼리 즐겁게 몰려다니는 것은 좋은 일 아닌가?

허름한 점집에 가서 운을 봤는데 그쪽 신이 낮아서 엉뚱한 말로 점사를 봐주더라도 안 맞으면 그저 조용히 물러나오면 되지 점괘가 틀리다고 화를 내거나 무시하면 오히려 화를 입는 경우가 있다. 하찮은 동자신이라도 우습게 알아 해코지하면 점본 사람만 재수 없게 된다.

웬만하면 신의 일을 하는 사람과는 분쟁을 안 일으키는 것이 상식이다. 결정적으로 위법을 하여 아주 잘못하기 전에는 순간의 화풀이가 일반인에게 돌아간다는 것은 경험적으로도 맞는 말이다.

어떠한 경우도 인간보다는 귀신이 높다는 것을 잊지 말기 바란다. 스스로 신기가 높고 예지력이 있다고 믿는 사람들은 세상의 깃발 달린 수많은 점집을 다 순례하지는 말고 적당히 잘 골라서 다니길 바란다. 공연히 기대에 못 미쳐 돈만 날리고 실망하는 경우가 허다하니까.

신의 세계를 알고 신을 부리고 신의 눈높이만 맞춰주면 못할 일이 없다. 신의 맘에 들고 신이 좋아하는 일을 하는 사람이 양심적일 때 궁극적으로 크게 잘못되는 법은 없고 그 수준에 맞는 밥을 먹고 살게 해 준다.

예화 1

대선을 앞두면 유명하다는 점바치나 무당은 암암리에 바빠진다. 지난 대선 때 모 야당의 전당대회 날짜를 잡아준 적이 있다. 4월인가 했는데 전당대회에 우리도 참석하자고 어머님이 말씀하셔서, 내가 날은 잡아주었지만 절대로 참석은 할 수가 없다 하였다. 대세는 좋다고들 하는데 이쪽 캠프 저쪽 캠프 참모진들을 죽 놓고 비교를 하니 모든 대세는 오히려 역전이었다. 또한, 식사 대접을 한다 하여 소갈비 연기 속에 봐 준 두 대선 주자의 운 역시 반대였다. 내가 "어허! 제왕의 사주가 아니네!" 하였더니 내 말을 들은 장사장이 고명하신 큰 스님도 똑같은 말을 하였다며 놀라워하셨다.

아니라고 하면 나는 아니다. 내 쪽 사람이고 내게 의뢰를 한 사람이어도 정말 아닌 경우는 어쩔 수가 없다. 선거는 O·X게임이다. 공드려 노력으로 될 일이 있고 안 될 일이 따로 있다. 내가 강력히 반대를 하는 바람에 막말로 신사도 못해 주고 돈도 벌지 못했지만 막판까지 신뢰는 지킨 일이 되었다.

예화 2

월드컵을 앞둔 시점 모 스포츠일간지 기자가 대진 추첨자 명단과 선수들 명단을 들고 방문을 하였다. 그날의 일진에 비추어 어느 사람이 추첨을 하면 우리나라에 유리하냐는 것이었다. 본 선수와 예비 선수의 명암도 엇갈렸다. 나중 내 기억 속에는 골키퍼의 운세로 봤을 때 당시의 유명한 선수보다는 잘 모르는 선수의 운이 월등해 추천했던 기억이 있는데 정말 실전에서 잘했었다.

   선거나 큰 행사 등 어떤 이슈가 있으면 수많은 예언이 난무한다. 보다 신중하고 사려 깊은 가운데 복록까지 이끌어주는 신 제자들은 부화뇌동하지 말고 신명의 소리를 듣고 공정히 행동하기를 바란다.

33 어떤 무당이 정확도가 가장 높은 미래를 볼 수 있나?

점 좋아하는 사람들이 가장 선호하는 것이 갓 신내린 무당만 있으면 그쪽으로 몰려가 신통하네, 족집게네 하며 난리가 난다. 과연 잘 맞추기도 하고 엉뚱한 부분에 대해 말을 해 주기도 해서 신기해하기도 한다. 하지만 그러한 순간 인기를 받는 무당들 중 지속적으로 유명하거나 일반인들의 사랑을 줄곧 받거나 하는 무당은 없다.

왜일까? 인간의 삶은 너무나 다양하고 복잡해서 그렇게 단편적인 외마디성 점사로는 해결이 안 되는 21세기를 살고 있는 우리들의 모습을 봐야 한다. 지금도 험히 죽은 조상이나 형제들의 가리를 하거나 억울함에 연관된 부분은 생무당이 잘 본다.

하지만 복잡한 세상사들, 가령 회사가 문을 닫게 됐는데 파산을 할 것인가, M&A를 할 것인가, 주식이나 펀드를 어떤 식으로 투자할 것인가, 문서에 대한 운과 향방은, 삼재중의 사업 운은, 부모와의 관계, 애인과 투자자와의 관계 등등. 수만 가지의 부분에 대해서 묻고, 나쁘면 제살시켜주고, 좋으면 더 좋게 해 주기까지 해야 되는데 어떻게 그러한 부분을 갓 신내린 초짜 무당이 다 알 수가 있단 말인가.

물론 복잡다단한 부분에 대해서 그런대로 조언을 잘해 주는 사람들은 역술을 하는 점쟁이다. 하지만 그 사람들은 신의 세계를 알지 못하므로 어떤 신적인 일들에 대한 제살이나 귀신의 장난 등으로 일어난 여러 가지 우환이나 질고 등에 대한 해결책은 없다.

성명학으로 유명한 어떤 역술인이 이런 말을 했다. "역술의 대가라고 하더라도 지금 이 순간 없어진 시체가 어디에 있는가를 맞춰낸 무당만 못하다고."

신기도 능력이다. 귀중한 신기를 가진 21세기를 살아가는 족집게 무당들은 선인들이 파헤친 신의 비밀뿐만 아니라 수많은 공부도 병행해야 스스로도 높은 삶의 대열에 함께 동참할 수 있게 된다. 남의 귀중한 인생을 엉뚱한 헛공수로 고생시키지 말고 정확한 진단으로 그 사람의 운을 개운시켜 다 같이 잘사는 세상을 만드는 데 좋은 역할을 하길 바란다.

34 신기(神氣)가 있는 사람들은 신들이 다 좋아하는가?

　만물의 영장으로 이 땅에 태어난 인간은 누구나 신기(神氣)가 있다고 본다. 신기란 사고, 지각, 예지력, 신통력, 꿈의 세계 등 과학이나 이론으로 설명이 안 되는 모든 정신세계의 오묘함이 과거, 현재, 미래에 비추어 볼 때 미래 예견이라는 부분으로 들어가면서 그 힘을 발휘하게 된다.

　모든 사람은 크든 작든 자신이 소유한 몸이나 정신의 주체로서 다들 어느 정도의 예지력이나 느낌은 가지고 있다. 신기란 신의 코드에 자신을 맞추는 일이다. 왠지 기분이 안 좋은 날은 몸이 아프거나, 가고 싶지 않은 곳에 억지로 가면 사고가 난다거나 등등. 이렇게 과학이 아닌 느낌이 신기이다.

　소위 신기가 있는 사람들 중 대부분은 종교활동을 열심히 하거나 무당이나 점집을 찾아다닌다. 모든 신들은 신기 있는 사람을 좋아한다. 왜냐하면 신기란 신들이 좋아하는 성향을 많이 갖춘 사람인데, 하물며 부처님이든 예수님 같은 절대신이든, 하계신이든 그런 사람을 안 예뻐할 수가 없다.

하지만 각 집안의 내력이나 당김을 무시하고 줄을 섰을 때는 무시무시한 신들의 전쟁이 일어나게 된다. 신들의 밀고 당기는 세력싸움이 일어나는데 이걸 종교상충이라 한다.

대대로 불심이 센 집안의 신기가 왕한 사람이 종교를 달리할 때는 우환이 줄줄이 일어난다든지, 천주교 집안 내력이 강한 사람들이 타 종교를 믿으면 안 좋은 일이 일어난다든지 신들의 힘은 인간도 어쩌지 못하는 절대적인 세력이 있다. 신들도 서로 신기가 맑고 강한 사람을 데려가려고 하는 욕심이 대단하다. 신들도 삶에 힘 있는 양질의 인간을 좋아한다.

일전에 추기경께서 TV에 나오셔서 모든 종교는 일맥상통하다는 말씀을 하셨다. 진정 신의 세계를 알거나 적어도 신의 두려움을 아는 종교인이나, 신의 밥을 먹고사는 많은 사람들은 스스로가 모시는 붙잡힌 신의 두려움을 알고 함부로 행동하는 일은 없어야 할 것이다.

어떠한 신이든 자신께 맹종하는 인간에게는 복록을 주고 편안함과 안락함을 준다고 나는 믿는다.

예화

신기가 왕한 사람들은 자신도 모르게 점집을 수도 없이 찾아본 경험들이 있을 것이다. 하지만 점집을 순회하는 것도 누가 잘 본다는 소리를 듣고 찾아가는 것인데 환경이나 처음 접한 수준에 따라 신에 대한 감각이 달라진다.

　내가 아는 임씨 동생은 신의 일을 하는 사람에 대한 생각이 긍정적이고 부러워하기까지 하였다. 늘 어마어마하고 으리으리한 잘사는 도회지의 무당집들만 가서 보고 자기 빌딩까지 소유한 무당도 보니, 나도 신을 받으면 저렇게 잘살 수 있지 않을까? 하는 생각이 들었나 보다.

　한편 신기는 왕해도 시골촌의 잘 못살고 하급의 무당만 봤었고 늘 "아이구, 장군님, 대감님 오셨네. 복채 내드릴 테니 대신 점사를 봐주시구려!" 하는 말을 듣던 강씨는 우쭐해하기는 하지만 하나같이 구질구질하게 사니 "흥! 내가 미쳤어? 저런 짓거리를 하고 살게."라고 생각하게 됐을 것이다. 처음 접한 무속인의 환경에 대한 기억이 아무래도 각인이 될 수밖에 없다.

　요즘은 신의 일을 하는 것을, 내림굿을 받으면 큰일이 날 것이라고 생각하는 사람들이 많이 줄었다. 오히려 신기를 자신만의 특별한 능력이라고 생각해 잘살 수만 있다면 아무 상관이 없다고 생각하는 이들도 많다.

　내게 내림굿을 해달라고 하는 제자 폭의 아가씨나 보살이 있지만 오히려 내가 아니라고 생각한다. 내림만 받으면 자신들이 긍정적으로 생각을 했든 끔찍하게 생각을 했든 본인들 인생뿐만 아니라 남들의 인생까지 걸린 문제인데 과연 잘 풀어갈지 걱정이 앞선다. 꼭 심사숙고하길 바란다.

35 내림굿을 해 준 신어머니와 제자 간의 사이가 안 좋은 경우는?

 신기가 왕한 사람을 선별해 내림굿을 해 준 사람을 신어머니라고 한다. 이렇게 자신을 나아준 부모 외의 신부모라고 하는 관계는 어떠한 경우에는 친생부모보다도 더 밀접하고 가까운 사이가 되곤 한다. 신들끼리 합의를 봐서 맺어준 관계이니 그럴 수밖에 없다고 생각을 한다. 하지만 세월이 가면 대부분 헤어지거나 아니면 서로 원망하는 관계가 되거나 하여 안 보는 경우가 많은데 이러한 경우는 어째서인가?

 이러한 경우도 신들의 다툼 때문이다. 신들도 전성기가 있고 쇠퇴기가 있으며 인간의 젊음과 늙음처럼 흥망성쇠와 생로병사가 있다고 보면 된다.

 한때는 잘나가던 무당도 나이 먹고 노쇠해지면 모든 것이 예전만 못하다. 수십 년을 같이 동고동락을 해 오던 신들도 그때쯤이면 쉬어야 할 터인데 끊임없이 제자를 부리는 힘을 발휘한다고 해도 총기가 떨어지는 것은 어쩔 수 없다.

늙으면 느는 것은 지혜와 덕망이 될 수는 있어도 서슬 퍼런 칼날을 번득이는 제살능력이나 부귀영화를 호령하기에는 역부족이 된다. 여기에 여러 제자들의 고자질 등이 가세하여 누구누구가 잘나간다고 하면 본의 아닌 시샘에 섭섭해 하기도 한다. 내림을 해 준 제자의 젊은신들의 홀로서기까지 부딪치다보면 밥그릇 싸움까지 벌어지기도 하고, 본의 아닌 오해로 서로 불신하게 되어 그 관계를 종치게 하는 수가 많다.

애동이들이 스승으로부터 신사(神事)의 여러 가지 무가 소리나 장구, 상차림 등을 배우기도 만만치 않다. 혼나고 배워 잘해도 걱정, 못 해도 걱정, 게다가 층층의 선배들의 은연중의 시샘은 더 힘든 상황을 만든다.

참으로 안타깝지만 어쩔 수 없는 경우가 많다. 일반인들의 싸움 같으면 풀릴 일들도 신들의 사심이 들어가면 원상회복이 안 되는 경우 속수무책이 된다. 신들의 맘을 어찌 인간의 맘으로 다스릴 수가 있는가? 그저 서로가 앞앞이 오는 일이려니 하고 품을 떠날 때가 되면 소리 없이 제 길을 가는 것이 낫다.

36 서로 다른 조상신들끼리 합의를 부칠 수가 있는가?

　일 년이면 봄, 가을로 한두 차례 공을 드려도 조상들이 미동도 하지 않고 도대체가 일이 안 풀리고 복도 못 받는 경우는 어떠한 경우인가?

　첫째는 아무리 오래 그 제가집하고 인연을 맺어 와도 제살이 안 되거나 부귀를 누리게 해 주겠다는 무당의 공이 그 조상신들에게 미치지 못하거나 조상 자체가 힘이 없는 경우이고, 둘째는 그 조상신들의 센 힘이 서로 맞서서 합의가 안 된 경우이다.

　서로 조상이 첩첩이 높고, 할머니 쪽은 대감이 높고 할아버지 쪽은 선비로서 높고, 시댁은 장군이 높고, 각자 잘나서 따로따로인데 누가 있어 그분들끼리 통하게 해 줄 수가 있는가? 조상신들 역시 신들끼리 힘겨루기처럼 상충이 되면 현실의 자손들의 일이 의외로 안 풀리는 것을 많이 봐 왔다.

조상신들끼리 서로 인사를 시키고 합의를 부쳐 친하게 만들어 줄 수 있는 역할을 할 수 있는 것은 노련한 무당이 최고이다. 굿을 할 때 여러 굿거리 마당에서 장군, 대감, 여러 신령들을 다 불러 놀아 주었는데 무슨 소리인가 할지 모르지만, 그것은 각자의 신을 불러 각각 놀게 해드린 것이지 양쪽 제가집의 신들을 함께 불러 합의를 부치고 소개하고 어우러져 친하게 만든 것은 아니다.

화해라는 것은 인간사뿐만 아니라 신들의 세계에서도 역시 통한다. 신이 높을수록 고고해 낯가림을 잘하고 친해지기가 어렵다. 이러한 신들을 서로 인사시키고 친해지게 해 주고 맘을 열게 하면 훨씬 어려운 부분도 합심 협력하여 잘 풀리게 하고 더 높고 잘되게 된다. 이때쯤이면 우리 쪽 조상님들은 어땠네 하며 자랑도 나오게 된다.

신들 합의의 대표적인 것이 '혼인합의(婚姻合意)'이다. 산세가 높고 신령님이 왕한 집안의 한 아가씨가 혼인을 앞두고 상대방 쪽 남정네도 신령님이 대단한 센 집안의 자손일성 싶으면 그쪽 집안하고 이쪽 집안하고 혼인올 헤도 무방한지를 양쪽 조상신들을 불러 그 의도를 알아 볼 수가 있다. 현실적으로 혼인을 하기 전에 미리 조상신들께 인연인지 아닌지 물어보는 것도 재미있는 신사 중 하나이다.

예화 1

산세 높고 신기도 맑은 집안의 박씨 처자는 어느 날 낯모르는 건장한 사람이 사무실 문을 확 열고 들어오는데 갑자기 눈물이 왈칵 쏟아졌다. 처음 대면에 이상한 감정의 요동을 경험한 처녀들은 의외로 많고 그것이 전생의 예사로운 인연이 아닌 경우가 많다. 그 후 박씨 아가씨는 그 낯모르는 한씨와 연인 사이가 되었다.

현재는 박씨 아가씨네가 곧잘 살고 한씨는 평범한 사람인데 '혼인합의식'을 의뢰했다. 내가 부른 한씨네 조상은 의외로 떵떵거리고도 남을 만한 대갓집의 만석꾼 집안이었고, 박씨네는 글문이 아주 높고 자존심 센 선비네 집안이었다. 실제로도 바로 앞대의 한씨네 할아버지가 왜정시대 강북과 종로 일대의 어마어마한 땅을 소유한 부자였었다고 신사 도중 말을 해서 놀랐다.

혼인식을 하면 전생의 수많은 사람들이 등장한다. 적어도 죽은 사람 십여 명에서 많게는 수십 명이 나와서 나의 입을 빌어 그 사람들의 말을 1시간 내지 3시간 정도 전달하게 한다고 하면 안 믿는 사람들은 무슨 그런 황당한 일이 있냐고 할지 모른다.

하지만 접신된 상태에서 내 눈에 보이는 영상은 영화의 한 장면처럼 환하다. 돌아가신 조상들의 모습은 어떤 얼굴인지, 옷차림새, 성품, 살던 집의 처마 모양, 기르던 개, 혼례식 때 차린 상차림의 올라온 음식, 패물까지도 말짱히 보인다. 아니라면 몇 시간 동안 나 혼자서 그렇게 빠른 속도로 이 사람 저 사람의 말을 전달할 수는 없을 것이다. 거짓말로 몇 시간 신의 말을 한다는 것은 불가능하다. 신기가 왕하고 맑은 집안의 신사일수록, 조상신에 대한 제사를 지극 정성으로 모시는 집안일수록 신들은 더 영롱하게 나와 말씀을 나누신다.

결혼 전에 두 성씨의 조상들을 불러 혼인에 대한 합의를 해 주면 헤어지기가 쉽지 않다. 조상들이 점지해 준 인연이 어떻게 쉽게 헤어질 수가 있겠는가?

　만석꾼이 더 잘살기 위해서는 천문지리에 능통해 모든 집안의 대소사를 택일해 길일을 볼 줄 아는 총기 있는 며느리가 필요했던 것이고, 떡두꺼비 같은 영리한 아들이라도 낳아주면 모든 재산이 자자손손 번창해 나갈 것이 확실하여 이 처자를 택했다 하였다. 혼인이 마음에 드는지, 혼인 성사의 목적까지 확실하게 말씀해 주시는 조상님들의 예지가 내 입을 빌어 나올 때 고맙고도 신기하다.

예화 2

　뽀얗고 동안의 정씨 강사는 대학 현관 로비로 어떤 남성이 들어오는데 갑자기 눈물이 확 쏟아져 깜짝 놀랐다. 뒤미처 강의실로 들어온 사람이 이 교수였고 수년 동안 짝사랑을 하였다. 전생의 인연으로 대감과 기생의 연분이라 끝을 장담할 수가 없었지만 마음의 병, 상사병이 너무 깊어 아무것도 할 수가 없어서 '길연화합(吉緣和合)' 복합부를 써주었다. 내가 처음 본 대로 이루어질 수는 없는 사랑이었지만 서로가 사랑을 하고 있었다는 것을 확인할 수도 있었고, 스스로 포기를 해도 아프지 않는 상황도 왔다.

　사랑은 영원하지가 않다. 사랑이 영원하기를 바라기보다는 사랑하는 순간의 기쁨이나 충만된 감정만은 누구나 진실이니까 그 상황을 즐겨라. 사랑은 견딜 수 있을 때까지만 견뎌지는 것이고, 사랑 속으로 들어가 다 경험하고 느껴야만 끝도 난다.

37 같은 조상신들끼리 문중회의도 하는가?

현대에도 각 성씨마다 관 줄기가 높은 명문가문이 존재하고 있고, 재물이 왕해서 자자손손 대를 이어 먹고 살아도 지장이 없는 만석꾼의 줄기도 있다. 큰 권력은 하늘이 내고 큰 부자는 하늘이 낸다는 이치가 조상신의 세계에서도 적용이 된다.

바로 앞전까지 떵떵거리며 한 세대를 풍미했던 권력이 있었던 명문의 집안이고 재물 또한 흥왕해 터 보시를 하던 집안 같으면 그 조상 줄기가 예사롭지 않은 건 당연하다. 하지만 일순간 타성받이(혼인을 할 때 다른 성씨의 배우자네 집안을 말한다)가 잘못 들어오면서 집안이 몰락 지경까지 가는 경우가 있다. 자고로 여자는 시집을 잘 못가면 자신의 몸만 망치지만, 남자는 장가를 잘 못가면 패가망신이란 말이 틀리지가 않다.

집안끼리의 혼사도 그 집안과의 인연이 맞아야지 악연일 때는 우환과 질고가 함께 따라 들어오니 궁합을 볼 때는 역리적인 궁합만 볼 것이 아니라 신적인 궁합도 반드시 같이 보기를 바란다.

예화

지역마다 명문가문도 있고 각 성씨가 득세를 하는 곳이 있다. 전라도 해남 쪽의 신씨네 가문은 유명한 장군의 아버지 묘소를 윗대로 하여 부모님의 산소와 형의 묘가 있는데, 멧돼지의 입구(入口) 자리라 때가 되면 크게 발복을 할 것이 분명했다.

큰형은 장성출신으로 떵떵거리며 살았는데 맏며느리가 잘못 들어와 식구들에 전혀 협조적이지가 않았다. 아버지는 운수여객 사업을 하며 똑똑한 둘째아들을 의원으로 만들려고 지역을 연결하는 길도 닦고 지역사회를 위해서 일을 많이 하셨다. 하지만 어느 날 아들만 삼형제를 낳은 둘째아들이 한창 일할 나이인 40대 초반에 그만 교통사고로 죽고 말았다. 둘째며느리 또한 과부팔자가 되었다. 날마다 살고 싶지가 않아서 술만 드시다가 2년 뒤 아버지마저 세상을 떠났다. 그 후 큰형은 집안 몰래 전답을 팔아서 서울로 왔는데 곧 풍이 걸려 반신불수가 되고 두 아이도 이혼을 하고 말았다. 마지막 남은 막내는 천방지축 공부도 안 하고 수십 년을 쌈이나 하고 장사치로 돌아다니다가 가난하고 천한 집안의 과부상호의 여인에게 장가를 갔으니 얼마나 조상들의 애간장이 다 녹겠는가?

신씨 아버님의 제삿날 푸짐히 상을 차리니 온 조상들이 마치 드라마 〈궁예〉의 한 장면처럼 맨 앞 높은 단상에는 신씨네 장군이 자리 잡고 나머지 양쪽으로는 신씨네 조상들이 무릎 조아리며 도열해 회의를 하고 있었다.

나도 전혀 예상치 못한 장면이었다.

살지 못하고 비명횡사한 둘째는 무릎을 꿇고 눈물을 뚝뚝 떨어뜨리며 읍소하였다. "내가 아무리 똑똑해도 명줄을 타고 나지 않아 조상님들 뵐 낯이 없으니 이 죄를 어이합니까. 부디 마지막 남은 막내에게라도 힘을 실어주시면 저도 또한 힘닿는 데까지 돕겠습니다." 하며 울었다. "집안이 멸문지화라, 풍전등화인데 누가 있어 저 천방지축 막내를 개운시켜 줄 것인가?" 하며 서로들 나와 회의를 하였다. "만신이 귀인이라. 천문둔갑을 하는 제갈공명의 인연으로 가문을 일으켜 주고 명줄을 당겨주면 금은보화와 명예를 주겠노라." 하였다. "그러시면 인연이 닿는 데까지 보살펴 주겠소!" 하며 긴 신사를 마치었다.

어느 날 묘터를 봐 주러 하룻밤 내내 운전을 하고 파김치가 되어오니 같은 성씨의 신사 세 건이 기다리고 있었다. 공짜는 싫으니 즉각 답례해 주셨다. 그 이후로도 대가 없는 보살핌은 거부한 까다롭고 확실한 성격의 조상들이 분명했다.

수년을 잘 보살펴 주었다. 세월이 가 악운의 세월이 아직도 2년 남짓 남았을 때다. 입춘 날 선생님을 방문하여 운세를 물으니 "애고, 아직도 삼 년은 내리막길인데 누가 이를 봐주겠나. 쯧쯧쯧, 몸으로 치고 돈으로 치겠네." 하셨다. "그래도 신령님만 믿고 따르면 어마어마한 돈도 벌고 인간의 맘으로는 상상도 못하는 일이 일어날 터인데……." 하셨다.

오랜 경험으로 두 부부의 운을 볼 때 남편이 너무 좋고 부인이 너무 나쁘면 함께 해로하는 경우가 극히 드물다. 또한, 부인이 너무 좋고 남편이 너무 나쁠 때도 역시 해로하는 경우가 거의 없다. 왜냐하면 적어도 부부의 인연은 죽을 때까지 함께 가기에는 어느 정도 보완이 되어야지 극명하게 갈릴 때는 함께 살지를 못한다.

연분이 아닌데 억지로 살다보면 가장 큰 일인 배우자 사망부터 우환에 시달리다 자식을 치거나 손재로 허덕이게 만드니 신기 왕한 집안의 신들의 예리한 눈들은 인간의 맘이나 힘으로는 어림도 없을 정도로 감시감독이 심하다.

신씨의 경우도 운이 어긋나는 빈천한 처가 쪽에서 어느 날 모든 일을 다 뒤집어 놓게 되는 일이 발생을 하였다. 되돌아가기에는 너무나 많은 길을 와버렸는데 송사나 싸움이나 인간의 맘으로 매사를 풀어가려고 하니 천한 거짓말 귀신만 붙어 정신이 오락가락했다.

재물도 관운도 다 조상이 주는 것이다. 다 가져도 목숨을 잃으면 무슨 의미가 있으며, 모든 것을 다 잃은 듯 보이는 현실도 신의 뜻이 분명하다면 무슨 까닭이 있을 것이다. 운이 아직 안 와서 귀신이 득세를 할 때는 눈을 가리고 심상을 가려 마치 귀신이 이겨 보이기도 하지만 운명이란 큰 줄기는 절대 귀신이 이길 수가 없다. 때가 아닐 때는 그쪽 조상들이 알아서 자손을 이끌어주는 방법을 마련해야지 문중회의는 왜 하겠는가?

높은 조상에 대한 믿음이란 한번 믿으면 끝까지 믿는 자만이 귀한 재물과 관직을 얻을 수가 있다. 아무리 평범히 살려고 해도 이미 강력한 조상들이 단체로 접수를 한 때는 내 한 몸이 내 한 몸이 아니고 내 일이 내 맘대로 되어지지가 않는다.

귀가 얇아 부화뇌동한다면 아무리 대운이 온다고 한들 종지만한 밥그릇이 될 수도 있을 터이니 안타깝다.

무당은 무섭고 천한 존재인가?

　무당(巫堂)이란? 민간에서 전승되는 종교인 무속(巫俗)의 사제(司祭)이다. 또한 신(神)의 집을 갖고 신과 함께 사는 사람이다. 무인(巫人)·무격(巫覡)이라고도 하고, 서울 경기지방에서는 기자(祈子)·만신·박수, 호남지방에선 당골·당골네, 영남지방에서는 무당·무당각시, 제주도에서는 심방이라고도 했다. 무당은 무속의 제의(祭儀)인 굿을 주관하는 사제로서의 역할을 하며, 이 외에도 예언, 치병 등의 역할을 하였다. 목사님도 스님도 법사도 무당도 신의 일을 하는 사제(司祭)이다.

　나 역시 사람들의 운세를 봐주거나 신과 소통하여 대화를 할 수가 있고, 치병까지 할 수 있는 강력한 기(氣)가 있어 달리 부를 방법이 없다면 그 중 무당에 속한다. 신의 일들이 재미있고 신기하고 보람도 있지만 무당이란 소리를 들으면 아직도 낯설다. 왜일까? 다른 이름으로 불리고 싶은 맘에 조상신연구원 수미원(修米院)의 '원장님'이나 '조상신연구가', 아니면 그냥 '선생님'으로 불리는 걸 더 좋아한다.

나조차도 그러한데 일반인들이 무당에 대해 가지고 있는 편견은 신의 세계를 모르기 때문에 오는 두려움이다. 일반인들이 가지고 있는 궁금증은 다음과 같다.

무당도 밥을 먹고 잠을 자고 똑같은 욕망이 있는가? 물론이다. 남들 잘 때 자고 연애도 하고 가정을 가지고 애도 낳고 자식이 있어 공부도 시켜야 되고 등등, 일상적인 생활은 똑같다. 단지 접신이 될 때 신을 부르고 신의 소리를 들을 수가 있다는 점이 다르다.

무당은 늘 접신이 되어 헛소리를 하고 무서운 귀신과 함께 하는가? 항상 접신이 되는 건 절대 아니다. 귀신도 원혼만 부르는 게 아니고 착하고 온순하게 살다 돌아가신 내 조상신을 불러 즐겁게 대접을 해 주고 복록을 빌어주는 사제이다.

오랫동안 무당이라고 하면 무조건 싫고 무섭고 추한 존재로 여기던 세월이 있었다. 개신교가 왕해지면서는 천격화가 바닥의 수준이고, 불교나 유사 종교들은 그 종교의 고고함 때문에 무속인은 아주 나쁘다는 식으로 자기 종교의 고급스러움을 더 뽐내곤 했다.

다 같은 사제(司祭)인데도 등급을 매기는 오만은 누가 범한 것일까? 절대신을 모시는 사제 중에도 무늬만 사제인 사람들이 얼마나 많은지는 가슴에 손을 얹고 생각하면 스스로들 알 것이다. 절대신이 높은 것이지 사제가 높을 수는 없는데도 말이다.

무속은 아직도 종교가 아니다. 전생은 잘 볼 수가 있지만 사후에 어떻게 하면 어떻게 되어 어디를 갈 수 있다는 것을 보장하지 못한다. 완벽한 경전이 없으니 사이비 종교 수준도 안 된다.

절에서도 49제를 해 주고 하물며 천주교에서도 49제를 해 준다. 하지만 가장 생생하게 현실감 있게 원혼을 불러내 울며불며 달래고 위로해 줄 수 있는 의식을 행해 줄 수 있는 자는 무당밖에 없다. 왜 조용하고 점잖은 종교의식만이 죽은 원혼에 대한 예우인가? 삶은 너무 치열하고 악다구니 소굴 같은 세월을 살았는데 죽어서는 말 한마디 못하고 조용하고 경건해야만 된다는 것 또한 의식을 빙자한 밥그릇 싸움이 아닐까?

무당은 무서운 존재가 아니라 정신적 능력을 타고난 영혼의 치유사이고 사랑받는 우리의 이웃이고 삶의 조언자이자 신의 대변인이다. 진정으로 한이 맺혔거나 말을 전하고 싶을 때, 그러한 조상들의 말을 들어 전달할 수 있는 자는 무당밖에 없을 것이다.

예화

평생을 박복하지도 않고 부유하게 살았던 문씨 외할머니는 90세가 넘도록 장수를 하였다. 말년이 되자 너무 많이 사셨는지 자손 중 큰아들의 손자와 작은아들의 손자가 죽게 되었다. 큰며느리와 작은며느리는 너무도 마음의 상처가 심하여 여태껏 대충 믿던 불교에서 늘그막에 개신교로 개종을 하였다.

외할머니가 돌아가시고 3년 세월이 흐른 어느 겨울, 연신 이틀에 한 번

꼴로 꿈에 보이었다. 세 번째는 오래된 수의를 입은 두 노인네가 반듯하게 누워서 "여기는 외갓집이니라. 너 어렸을 때 봤던 뒷마당의 우물도 있고 꽈리나무도 보이지? 앞마당에 포도나무, 토마토 나무도 있고." 하시며 말씀을 하셨다. 한씨 외할아버지와 문씨 외할머니가 분명했다.

며칠 뒤 내 생일이어서 만난 엄마와 언니에게 꿈 얘기를 하니 얼굴이 하얘졌다. 바로 내 생일하고 외할머니 생신하고 같은 날이어서 나는 늘 내 생일을 챙겨 받은 적이 없었다. 우리 엄마가 당신 어머니 생신에 가셨기 때문이다. 내가 혹시 외할머니가 돌아가신 뒤 49제라든지 무슨 의식을 해 주지 않았냐고 물으니 예전에 잘살 때는 그렇게 어마어마하게 제사도 잘 지내고 없는 것 없이 드리던 공이 이제는 다 의미 없다 하여 49제조차 안 해 드린 것 같다 하였다. 운도 다 써먹었는지 종교만 바뀌었지 젊은 날 떵떵거리던 부귀영화는 온데간데없고 사는 형편도 곤고하다 하였다.

내 말을 듣고 간 엄마가 올케에게 말해 며칠 뒤 즉각 남동생이 어느 암자에서 외할머니의 천도제를 지내주었다 하였다.

마음이 섭섭하기도 하였다. 내 꿈에 나타나셨는데 내가 해 드려도 됐을 텐데 하는 생각이 잠깐 들었을까. 뒤미처 한씨, 문씨들 신사가 이틀에 한 번 꼴로 연이어 왔다.

어떻게 조상신들이 없다는 말을 할 텐가? 남동생은 자수성가하여 아주 잘산다. 조상들께 들인 공덕이 공들여 준 본인한테 가지 어디로 가겠는가?

죽음 뒤 종교의식 전에 할 것은?

사람은 이렇게 저렇게 살다가 이런저런 이유로 죽음을 맞이한다. 죽음은 인간이라면 누구나 피할 수 없는 부분이다. 살아생전 부귀영화를 누렸던 사람이나 빈천하게 살았던 사람이나 다 죽는다.

이렇게 피할 수 없는 삶의 허망함을 달래주고 위로해 주는 것으로 최고가 종교이다. 죽음이라는 부분이 없으면 종교는 설자리가 없을 것이다. 사람이 죽으면 그 사람이 어떻게 죽었든, 천수로 편안히 죽었든 병으로 죽었든 일순간 사고로 졸지에 갔든, 다 편안히 가시라고 여러 종교의식으로 원혼들을 달래준다.

하지만 죽은 자나 살아남은 자나 왠지 미흡하다. 우리 부모님 임종을 내가 못 봤는데 잘 가신 건지, 우리 형은 갑자기 교통사고로 비명횡사했는데 어떻게 된 건지, 어린나이에 옥상에서 추락해 죽은 아이는 정말 자살을 한 건지, 물에 빠져죽은 남편은 얼마나 힘들게 헤

매다 죽었는지 등등. 수많은 의문이나 답답함이 심해지면 꿈에 자주 나타나기도 하고 무서운 모습으로 보여 귀신은 정말 무섭다는 의식이 모든 사람들의 뇌리에 각인되게 된다.

무서운 귀신의 근본은 '원한(怨恨)'이다. 어떤 종교로 넘어가 죽어서는 편안하게 잘 계시라는 살아있는 자의 바람도 그 원혼의 달램이나 위로가 선행되지 않을 때는 여러 가지 해코지나 연이은 사고가 나는 경우가 허다하다. 과학적으로 증명이 안 되어도 많은 사람들이 실제로 당하고 있고, 현재에도 비일비재하게 일어나고 있다.

억울하게 죽은 사람의 원혼을 불러 위로해 주면 횡액이나 나쁜 일이 잘 안 일어날 것이며, 편안히 돌아가신 조상을 불러 위로해 주면 더 큰 복록을 준다는 것을 믿기 바란다. 어떠한 죽음도 사후에 위로가 없는 죽음은 다 억울할 뿐이다.

예화

충청도 천인의 잘시는 집안의 맏딸인 오 여사는 곧잘 사는 백가네 맏이와 어린 나이에 중매로 결혼을 하였다. 집안의 내력이야 전혀 모르니 처음엔 아들도 낳고 오소도손 살았다. 어느 여름날 갑자기 동네 사람들이 몰려왔다. 백가 애아범이 물에 빠져죽었다는 것이다. 장마로 갑자기 불은 물에 실족사를 한 건지, 이미 죽었으니 무슨 소용이 있단 말인가. 오 여사의 남동생도 열서너 살 때 물에 빠져죽었는데 맘이 끔찍했다.

이상하게도 항상 물에 빠져죽은 자리에서 자꾸 사고가 난다. 귀신이 천도가 되려면 다른 산 사람 하나를 대신 끌어당겨 넣어야 자신이 하늘로 올라간다는 얘기가 구전으로 내려오기도 한다.

그 후 애를 시댁에 맡기고 재가를 하려고도 하고 역술도 배우며 십여 년 세월을 보냈다. 시아버지가 유언을 하며 작은 건물 하나를 애 앞으로 해 줄 테니 집세라도 받으며 데려다 키우라고 했다.

애 아빠가 정신병이 있는 줄 모르고 속아 혼인을 하였었는데, 아들도 유전적인 정신병이 있었다. 병은 나을 기미가 없고 전생의 업보 생각에 불심을 키워도 자식만 보면 눈물과 한숨이고, 몸은 편안하여도 마음이 어지러운 삶이 되었다.

연초에 고속도로에서 바퀴가 파열되어 큰 사고가 날 뻔 하였다. 꿈에 백씨 남편이 보이더니 나를 살려준 것인가? 오랜만에 천도제를 하였다. 백가네 조상은 육십갑자가 지나야 병의 고리가 끊어진다고 하였다. 60년 세월이면 현생에서는 영화를 볼 수가 없다는 말이 아닌가. 지금은 편안한 모습으로 찾아오는 꿈속의 남편도 희미하다. 이미 내 인생의 절반을 더 넘기면 삶은 허망하고 무의미해 보이기도 한다.

줄줄이 연이어 오는 초상이나 험악한 죽음 뒤에는 원혼을 달래는 의식이 꼭 필요하다. 경우에 따라서는 한 번이 아니라 해마다 해 주기도 한다. 누군가는 앞앞이 오는 생과 사의 뒤안길에서 먼저 간 사람들의 원혼의 고리를 끊어 주어야 되고 그 또한 그 사람의 지은 공덕이 된다. 현생이 힘들면 후생의 복록을 위해 공덕을 쌓는 일도 보람이지 않겠는가?

40 조상신은 어디서 나오시나?

많은 사람들이 궁금해 하는 것 중에 하나가 귀신이나 조상신들은 어디에 있다가 나오느냐는 것이다. 무당이 접신이 되어서 돌아가신 아버지나 할아버지 혼백을 불러서 대화를 하거나 진오귀를 해 주다가 대화를 하며 울고 웃을 때, 그 혼령들은 어떤 식으로 어떤 행태로 나타나느냐는 것이다.

내가 경험한 바로는 '홀연히'라는 게 맞다. 신을 부르는 행위 중 앞서는 것이 소리이다. 강력한 혼을 부르는 꽹꽹꽹 소리가 있을 때 귀신이나 조상신들은 이미 내 앞에 나와 서 있다. 아니면 빠른 총총 걸음걸이로 황급히 나오시는 분들도 계시다. 나오시면서 나는 누구누구라고 말씀하시는 분도 계시다.

어떤 이들은 극락이나 지옥이나 천당에 가 계시면 그곳의 모습이 깔리며 나오냐고 묻는다. 악행을 행하고 저세상으로 가 지옥에 갔다고 믿어지는 사람조차도 이미 혼령인 경우에는 홀연히 나타난다고 하는 것이 맞다.

내가 돌아가신 시아버님을 위해서 진오귀를 하는데 조상가리를 하는 도중에 열차에 받혀 죽은 시동생보다도 총에 맞아 죽은 시누이 남편이 갑자기 먼저 나타났다. 상식적으로 시누이 남편은 휴거를 믿을 정도의 예수쟁이인데 처갓집 진혼굿에 나온다는 것은 어이없는 일이 아닌가? 그렇게 예수님을 철저히 믿었으면 천당에 가 있을 텐데 어떻게 부르지도 않은 영혼이 뛰어 나와서 내가 시누이 남편이라고 말을 하는지 황당했었다. 40대 초반에 죽은 시누이 남편인들 왜 살지 못하고 간 이 세상에 원한이 없겠는가. 나는 미리 예수님께 불려가 좋은 용도로 이 사람을 부려 쓰고 싶으셨나 보다고 생각했는데 아니었던가?

사고나 억울히 가신 분들 모두가 피를 흘리거나 험악하게 나타나는 건 아니다. 물론 초췌한 모습이거나 슬픈 표정으로 보이는 것은 있어도 아마도 죽어 이 세상을 떠나가신 모든 조상신들이 다시금 혼령으로 올 때는 자신들의 자손 앞에 험악하거나 위해를 끼치는 모습으로 나타나시기는 싫으실 것이다. 마치 뿌연 안개 속을 뒤로 한 채 홀연히 나타난다고 하는 것이 수많은 나의 경험상 보이는 모습이다.

41 조상신은 가만히 있는 게 좋은가, 움직이시는 게 좋은가?

부모님이 돌아가셔서 나의 조상신이 되면 자손이 제를 지내 드린 대로 극락왕생하셨거나 천당에 가 계실 거라고 확인할 길은 없어도 우리는 그렇게 믿고 있다. 그러면 그 좋은 데 가서 편히 계신 분들을 그냥 내버려 두어야 하지 않을까, 불러서 무언가 자꾸 부탁을 하면 귀찮아하시지 않을까? 하는 우려가 생긴다.

너무나도 현생에서의 일이 안 풀리고 찌들은 김씨 안당이 도력이 깊으신 큰스님께 여쭤봤다. 우리 아버지는 현생에서는 은행 지점장도 하고 화려하게 사셨는데 왜 우리를 안 도와주시냐고. 그 큰스님 왈, "너희 아버지는 뒤돌아 앉아서 면벽수행을 하느라고 너희들을 보살펴줄 여력이 없느니라." 하셨다. 이것이 바로 불교적인 해석이다. 모든 살아생전의 인연을 끊고 성불하고자 하는 부처의 마음이 종교이다.

내 자손이 잘되기를 바라고 잘살기를 바라는 마음은 현생에 두고 온 조상신의 마음이다. 아직도 당신들이 영향력을 행사하고 내 자손에게 무언가 메시지를 전하고 횡액은 피해가고 호운은 받아드렸으면 하는 마음이 어디에 있든지 안 통할까? 특히 막둥이로 태어나 부모님의 사랑을 제대로 받지도 못했는데 이 세상에 두고 떠난 부모님의 마음은 더 애달프고 애틋할 수밖에 없다.

조상신은 대접을 좋아한다. 때마다 불러 맛있는 음식과 향긋한 술과 싱싱한 과일 향기를 흠향하고 향 내음 속에 자식과 교감하기를 바란다.

천번 고쳐죽어도 성불을 아무리 해도 천륜의 마음 밑에는 피눈물이 흐른다. 아무리 득도를 하고 죄를 사하고 성인의 반열로 올라간다고 해도 단지 아닌 척할 뿐, 자손에 대한 정과 애끓는 맘은 위장으로라도 가려지기 어렵다.

오늘 하루 돌아가신 조상님들의 내리사랑에 흠뻑 취해 보기 바란다. 누가 도와도 도와야 사는 험난한 세상, 나는 수많은 성씨의 조상님 전에 고개 숙여 축원드린다. 나로 하여금 수많은 조상신들이 애달픔을 전달해서 당신들의 자손이 잘 살기를 바랄 뿐이다.

42 조상신은 어떤 모습인가?

　귀신을 보거나 혼령을 희미하게라도 볼 수 있는 것 또한 아무나 가지고 있는 능력은 아니다. 무속인이거나 도를 많이 닦으신 스님이나, 염력이 높으신 종교인 중에는 희미하게나마 아니면 소리로 빛으로 영혼의 모습을 느낄 수가 있다.

　수많은 조상신과 귀신, 터신은 그 모습이 천태만상이라는 것을, 또한 각 성씨마다 독특한 모습과 성격, 기질이 있다는 것을 알 수 있다. 어떤 터신이나 조상신들은 모습이 또렷해서 몽타주라도 그릴 수 있을 만큼 선명하다.

　옷차림새는 늘 한복을 입는 줄 아는데, 아니다. 어떤 터신은 반바지 차림에 티셔츠를 받쳐 입은 시원한 모습이기도 하고, 어떤 지하 셋방에 사시는 터주 아줌마는 알록달록한 몸빼바지에 스웨터를 입고 다정다감하게 말을 하는 경우도 있다.

옷의 색이 늘 무채색이거나 희미한 잿빛인 줄 아는데, 절대 아니다. 색깔은 빨강, 파랑, 노랑 등등 갖가지이고, 옷감이 비단인지 무명인지도 알 수가 있다. 마른 체형, 풍채 좋은 할아버지형, 날씬하고 까다로운 성격의 형 등등. 이미 죽어 조상신이 되었다 하더라도 우리 인간의 모습, 인간의 심상 그대로라고 보면 된다.

예화 1

내가 잘 아는 조씨 사장은 공장의 컨테이너에 들어갔다가 전날까지도 함께 술도 먹었었는데 갑자기 심장마비로 죽은 동료의 시신을 목격하게 되었다. 상문살(喪門殺)이 들어올까 봐 찜찜한 마음에 급히 신사를 하게 되었다.

혼령을 부르자 술집 작부 같은 알록달록한 땡땡이 무늬의 몸빼바지를 입은 여자 귀신이 그 남정네를 데려가는 것이 보였다. 전생에 자신이 그 남정네의 부인인데 이제 급살 맞아 죽는 천수가 왔으니 본인이 데려가 같이 살려고 한다고 했다. 어이없지만 그렇게 말을 하니 믿을 수밖에.

단지 시신을 목격했다고 상문이 들어와 같이 싸잡아 불려갈 수는 없지 않은가. 상문의 고리를 끊어 주었다.

예화 2

자식을 젖먹이까지 일곱이나 낳은 강씨 엄마는 어느 날 하수도를 수리하러 온 사람하고 싸움이 나서 그냥 서로 밀치기만 하였는데 그날 밤 갑자기 돌아가셨다. 살(殺)을 받은 거라고들 했지만 서른 남짓의 나이에 너무나 억울하여 부검도 하였지만 이상이 없었다. 공연히 쌈한 장본인인 하수도 수리공만 징역살이 몇 년을 하였다.

싸움을 말리다가 잘못 엮여서 사망사고까지 이르는 경우는 손에 살성이 들어가서 자신도 모르게 강력한 귀신의 작용을 한 경우이니 늘 술, 싸움, 시비수 등은 조심해야 될 삶의 나쁜 기제들이다.

젊은 나이에 돌아가 진오귀를 하니 저승사자 둘이 추운 겨울날 맨발의 속치마에 얇은 적삼을 입은 강씨 엄마를 끌고 볏단 다 추수한 논밭 옆의 길로 끌고 갔다. "젖먹이 아이도 있는데 왜 이리 빨리 데리고 갑니까?" 하며 울고불고하니 명부를 들추며 "앞 조상전에 강씨들이 수명을 다 써버려서 도저히 명부에서 이름을 뺄 수가 없소." 하였다. 얼마나 슬피 울었는지 나도 제가집도 눈이 통통 부었었다.

맏딸이 겨우 열서너 살이니 얼마나 어린 동생들 건사하기가 어려웠을까? 이웃 사는 이모가 들락날락하며 눈물로 애들을 키워주고 맏딸 예단까지 해서 시집도 보내주었다.

세월이 가서 신사를 할 때면 꼭 그 이모도 함께 나왔다. 죽어서도 얼마나 다성한 자매이던지 엄마가 연분홍 비단옷에 초록 두루마기라도 해 입으면 동생은 노랑저고리에 다홍치마라도 해서 대접해 드렸다. 두 자매가 저승에서라도 오순도순 살기를 바라는 마음이다.

43 조상신, 귀신은 밤에만 활동하나?

귀신에 대한 수많은 영화나 일화들을 보면 귀신은 무섭고 흉측하고 머리를 풀어헤치고 피도 흘리고 무서운 모습으로 비친다. 참으로 아무것도 모르는 군상들이 만들어낸 허구인 경우가 많다.

내가 만난 조상신들은 아무리 사고나 원혼에 간 귀신들이라 하더라도 그렇게 흉측한 모습으로 나타나는 경우는 아예 없다고 보는 것이 맞다. 원한에 이 세상을 가신 분들이나 사고로 가신 분들도 만약에 어떤 의식 있는 행위, 즉 천도제나 진혼굿이나 영가천도 중에 오실 때는 평상복 중에서 맘에 들어 하던 옷, 아니면 편안한 옷들을 입고 나타난다.

특히, 귀신은 한밤중 11시 자시부터 새벽 3~5시 인시까지 활동하다가 새벽닭이 울면 깜짝 놀라 사라진다고 하는 발상도 살아있는 인간들이 만들어낸 허구인 경우가 많다. 만약에 귀신이 밤에만 활동을 하고 햇빛 비치는 낮에는 올 수가 없다고 하면, 교통사고가 잘 나는 지점에서 귀신이 붙들어 간다고 하면 늘 밤에만 사고가 나야 되지 않는가? 귀신이 자꾸 불러 동일 장소에서 물에 빠져 죽는 사망 사고가 난다고 하면 꼭 밤에만 사고가 나야 되는데 전혀 그렇지 않다.

단지 밤이란 설정은 빛이 없고 깜깜하니까 일반인들도 밤중에 혼자 돌아다니면 귀신이 아니어도 무서운 건 당연하다. 보통 무당들이 굿을 할 때 밤에 하는 경우가 많은데 왠지 밤이란 귀신도 잘 나올 거 같고 조상신들도 잘 오실 거라고 생각하지만 그건 아니다. 인간문화재이신 우리 선생님 같은 경우는 굿을 주로 새벽 7시부터 해떨어지기 전인 저녁 7시까지 70평생을 해 오셨다.

새벽닭이 울든 안 울든 귀신이나 조상신들은 어느 곳이든 시간하고 상관없이 항상 우리 곁에 있다고 보면 된다.

예화

청담동에서 술장사를 하는 민 여사는 늘 아가씨들이 속을 썩인다고 하소연이었다. 술장사라고 하는 것이 예쁘고 젊은 아가씨들이 많아야 되는데 이런 아가씨들은 신기가 왕해서 한 곳에 정착하기도 어렵고 역마살이 끼었는지 여차 하면 잠적을 하여 애간장을 태웠다.

한 아가씨가 아버지가 돌아가셔서 목포에 갔다 오겠다고 하고 갔는데 올라온 날부터 갑자기 장사가 안 되었다. 자고로 색시장사를 하거나 술이나 유흥음식점 등을 하는 사람들은 유난히 재수가 있는 날과 없는 날이 구별이 된다.

장사가 안 되도 어느 정도이지 아무래도 상문살이 낀 것 같다고 나를 찾아왔다. 간단히 제를 올리고 꽹꽹꽹 소리가 나니 곤색 작업복을 아래위로 입은 후리후리한 키의 검게 그을린 낯빛의 남자가 그 아가씨를 쫓아오는 것이 보였다. 부르니 "나는 배의 부선장인데 물에 빠져 죽어도 홀홀단신이라 아무도 나를 위해 제를 안 지내주니 맘이 섭섭하오. 나는 평생 포장마차에서 홍합 한 그릇에 소주 한 병이면 된 사람이었는데." 하며 우울히 말을 하였다.

가락시장 가서 싱싱한 홍합을 한 포대 사가지고 이쪽저쪽에 홍합을 펄펄 끓여 떠놓고 소주라도 여러 잔 부어놓고 빌라 하였다. 그날 밤부터 다시 장사는 대박이었다.

목포 바닷가 부두에서 추운 겨울날 따끈한 홍합 국물에 소주를 드시던 그 낯모르는 중년의 선장 아저씨가 가끔 생각난다. 천수를 다 살지 못하고 간 영혼은 늘 맘이 아프다.

44 터신들은 어떤 자리를 좋아하나?

 인간이 살고 있는 이 땅이 터이다. 터에는 각 터신들이 있는데 그 모습 또한 천태만상으로 군중들의 모습을 꼭 닮았다. 어떠한 경로로 그 터를 지배하고 어떻게 그곳에 살게 되었는지는 몰라도 한 터에서 터신을 부르면 똑같은 모습을 한 터신들이 나타난다. 옷차림이나 풍채 또한 똑같은 터신의 모습을 보면 신기하기까지 하다.

 터의 지기가 좋고 풍수가 좋은 집은 튼실하고 잘생긴 터신이 살고, 명당이나 산세가 좋고 산신령의 힘이 좋은 곳에는 장군 같은 터신들이 산다. 새로 지은 빌딩에는 깔끔하고 현대적인 터신이 살고, 지하 셋방이나 좀 오래된 집들에는 모습도 좀 초라한 터신이 사는 경우가 많다.

 각 터마다 터신들이 지배를 하고 같은 모습으로 나타나는 것을 보면 어떤 모습으로든 인간의 형상을 하고 있다. 그것이 귀신인지 조상신들인지는 몰라도 터신은 현재 그 집에 살고 있는 자손들의 직계조상은 아니라고 본다. 단지 어느 때부터인지 그 터에 들어와 살게 됐고, 약육강식의 원리로 그 터를 지배하게 된 게 아닌가 한다.

터신은 그 터에 사는 사람과의 인연이 맞는 경우는 발복을 하게 도와주고, 인연이나 기가 안 맞는 경우에는 망하게 하거나 내쫓아버리는 힘이 있다. 집터는 물론이고 가게 터도 안 맞는 경우는 쫄딱 망하게 해 내쫓는 경우도 터신의 힘이 작용을 한다고 본다.

터신도 운이 좋은 사람을 좋아한다. 허름한 집이 운 있는 인간을 만나 큰 빌딩으로 거듭나면 안 좋아할 터신이 있겠는가? 하지만 빌빌한 땅이 빌딩이 되면 먼저의 터신은 쫓겨나는 경우가 허다하니 참으로 안타깝다.

예화 1

장마철에 빈 땅에 사옥을 짓기 시작한 이씨네는 1년 만에 새 사옥을 지어서 입주하게 되어 새집 짓고 들어가는 수주상량식을 해 주게 되었다. 빈 땅이었을 때의 터신은 하얀 백발의 할아버지가 분명했었다. 왔다 갔다 하며 풀을 뜯고 다녔었는데 이번에 새 빌딩을 짓고 들어가 터신을 부르니 어마어마한 대장군이 나와 "나는 이 지역을 평정하러온 네 조상 중 장군이니라. 새 건물이 또 들어서도 나를 업신여기지 말고 먼저 나를 대접하라. 그리하면 횡액도 막아주고 큰 복록도 주마." 하며 우렁찬 목소리로 말씀하셨다.

먼저 터신 할아버지는 어디로 쫓겨난 것일까? 터신의 세계도 눈에 안 보이는 알력과 힘의 논리가 좌우한다고 본다.

예화 2

하남 쪽 유원지의 움푹 파이게 들어간 고깃집은 늘 장사가 잘되었다. 앞마당 입구에 큰 상산나무가 있는데 살아있는 산신령 같았다. 너무나 장사가 잘되어 미어터지다 못해 어느 때는 되돌아갈 정도로 십 년을 잘 벌어먹었다. 그러다 가로 정비사업을 하면서 큰 길이 생겼는데 그때부터 점점 장사가 안돼 지금은 연명하기도 어려운 정도가 되었다.

장사를 하다가 새 길이 나거나, 잘되는 터에서 돈벌어 새집을 짓거나 증축을 하거나, 있던 나무들을 베어버리거나 등등, 여러 가지 변수가 작용을 하면 터의 운세도 만만치 않게 바뀐다. 낡고 허름한 곳에서 대박 터지던 장사도 새 건물에서는 망하는 경우도 많다. 터신은 인간이 의도하는 대로 움직이지 않는다. 특히 터신과 식신(食神)의 까다로움은 경험해 본 사람만이 안다.

45 터신에는 어떤 종류가 있나?

터신도 늙은 신 젊은 신이 있고, 남자도 있고 여자도 있고, 나쁜 신 좋은 신도 있고 그 또한 천태만상이다.

아주 오래된 터에 가면 지기에 흐르는 힘이 좀 진중하고 위압감이 느껴진다. 사람들이 매매를 의뢰할 때 오래된 집, 적어도 10년 이상 30년 정도 된 집을 매매하려고 한다거나 새로 집을 지으려고 한다면 이는 상당히 조심을 해야 되는 부분이다.

왜냐하면 오래되면 오래될수록 그 집안에 살던 많은 조상이나 할아버지 아버지 손자까지 언제 태어나고 성장하고 어떻게 살았던 것을 다 기억하고 있는데, 무단으로 쉽게 그 터를 팔고 떠난다고 하는 것은 간단히 생각할 일이 아니다. 오래된 터를 허물고 새집을 짓자 얼마 안 되어 그 집 대주가 돌아가는 경우 등등 사망에 이르는 일들을 많이 봤다.

오래된 터를 슬쩍 헐값에 팔고 고향을 등지고 서울로 올라간 사람이 얼마 안 되어 풍이 걸려 반신불수가 된 일 등등. 터에 관계되어 일어나는 수많은 일들이 모두 우연의 일치라고 보기에는 너무 비일비재하다.

귀신, 조상신, 터신 하면 터신의 힘이 더 세다고 했다. 어떠한 경우도 터의 일을 할 때는 그 터에 대한 예우, 오래된 집을 허물고 새로 짓거나 하는 일 등등은 꼭 잘 살펴보고 할 일이다.

믿거나 말거나 어차피 삶이란 사는 동안 아무 일 없이 잘 먹고 잘 살려고 하는 건데 구태여 해서 나쁘다거나 하지 말라는 일을 할 필요는 없다고 본다. 항상 우리는 편안하고 어떻게든 쉽게 안락하게 살아지는 삶을 원하는 거지 놀라거나 힘든 삶을 원하는 사람은 아무도 없다.

예화

제기동에서 수십 년을 살던 고씨는 나이가 먹고 세월이 가자 집이 너무 낡기도 했고, 외동아들의 제대에 맞춰서 집을 짓기 시작했다. 막다른 골목집이었는데 앞마당에 오래된 상나무도 있고 음침한 기운이 맴도는 집이었다.

마침내 집이 완성되고 이사 들어가는 날 군에서 갓 제대한 아들과 아버지 등 식구들이 다들 기뻐했었다. 한데 이사를 하는 와중에 갑자기 아들이 의식을 잃고 쓰러져 병원으로 실려 갔다. 얼마 뒤 그 외동아들은 급성 백혈병으로 세상을 떠나고 말았다. 새집을 지어 아들에게 물려주고자

했던 부모의 마음이 갈가리 찢어졌음은 말할 것도 없다. 그 후 시름시름 하던 아버지마저 세상을 떠나고 집안은 몰가(沒家)가 되어버렸다.

　무슨 연유에서인지는 몰라도 오래된 터를 허물고 집을 짓고자 하는 사람들은 반드시 예지력 있는 신의 일을 하는 사람들에게 한번쯤은 물어보고 일을 하기를 바란다.

46 터신, 조상신의 옷차림은 어떠한가?

우리는 방송을 보거나 귀신영화를 보면 일단은 죽은 사람, 즉 귀신이라는 이름의 이 세상 사람이 아닌, 한국 땅에 살다간 사람들은 옷차림새를 모두 한복 차림으로 표현한다. 맨 처음에 귀신의 모습을 본 사람들이 귀신은 하얀 소복을 입고 다닌다고 해서 그런 오랜 고정관념이 생겼다고 본다. 하지만 현실의 내가 만난 터신이나 조상신이 모두 한복의 모습으로 나타난다고 하는 것은 어불성설이다.

믿거나 말거나 귀신이 있다고 하는 것은 누구나 인정을 한다. 하면 현재의 우리 어머니나 아버지 등은 현실에서 무슨 명절 때가 아니면 전통 고전 한복을 입고 사시지는 않는다. 평상의 옷차림은 그냥 편안한 티셔츠나 블라우스에 편안한 바지들을 즐겨 입는다. 만약 우리 어머니들이나 아버지들이 돌아가셔서 조상가리 할 때 평소에 즐겨하지 않던 불편한 한복만 입고 나오신다고 생각하는 것이 과연 맞겠는가?

조상에 대한 예우를 차려 줄 때에도 한복만 고집할 것이 아니라 평소에 좋아하던 색깔이나 입고 싶어 하시던 예쁜 옷을 대접해 주길 바란다.

신의 세계도 알고 나면 쉽다. 옷조차도 고정관념을 못 벗어나고 늘 허연 싸구려 한복이나 여러 가지 색의 날림 한복만 해서 날려드리니 답답할 뿐이다.

예화 1

인사동의 한 터신은 키는 170센티미터 정도에 머리는 일명 깍두기머리를 하고 윗도리는 검정 목티셔츠에 검정 배바지를 입은 전형적인 깡패 같은 30대 후반의 터신이었다. 그 터신이 어떠한 경로로 그 터를 접수하고 그곳에 살고 있는지는 몰라도 나는 그가 "나는 이곳의 터신이고 먹고 마시고 샴페인을 터트리는 것을 좋아하고 날마다 흥겨운 파티나 열렸으면 딱 좋겠다!"라고 하는 소리를 들었다. 강력한 기(氣)가 느껴지는 터였다. 물론 그 장소를 인수한 여주인이 좀 더 어렸으면 좋았을 텐데, 라는 소리도 했다.

현재 조용하고 고상한 화랑인데 카페나 분위기 있는 차도 같이 파는 곳을 원하는 것이었을까? 내가 본 모습은 화려하고 야하고 불빛도 번쩍거렸었는데. 모르겠다, 터신이 진정 원하는 것을.

지성이면 감천이라고 활성화되고 돈도 많이 벌게 해 주면 누가 알겠는가? 그 터신이 원하는 대로 해 드릴지.

예화 2

평소에 며느리를 너무나 좋아하던 경상도 서씨 할머니는 돌아가시자 며느리가 당신의 아들하고 헤어지려 하는 것을 알았다.

며느리는 시어머니 돌아가시고 상문이 끼어서 갑자기 장사가 안 되나 하여 신사를 하였다. 두 번째 남편이었고 짧은 연분이 다했는데도 그 며느리가 맘에 드는 것은 서씨 할머니도 어쩔 수 없었는지 장사하는 그 며느리 가게문 앞에서 며느리가 사준 연한 주황색의 앙고라 스웨터를 입고 서럽게 울며 앉아 있었다.

사람들 들고나는 문을 귀신이 막아서고 있으니 어떻게 장사가 될 리가 있나. 나중에 양팔을 바짝 들어 길가로 내치니 울다울다 가셨다. 죽은 귀신이라도 무능한 자기 자식이 돈 잘 버는 며느리에게 내쫓기면 안 서럽겠는가. 며느리 마음에 들자고 연주황색 스웨터를 입고 울고 있던 서씨 할머니가 불쌍하다.

47 터신은 텃세가 심한가?

터신이란 인간이 살고 있는 땅을 지배하는 신이다. 수천 년을 살아오면서 흥망성세가 있었던 군중들의 기본 삶의 터전은 '땅'이다. 하늘(天)의 힘과 땅(地)의 힘의 중간에 사람(人)이 산다는 것은 누구나 아는 사실이다.

현실에서도 인간이 가장 애착을 갖고 가장 갖고 싶어 하는 선호도의 1순위는 땅, 부동산이다. 죽을 때 하나도 지니고 가지도 못하면서도 왜 그렇게 인간들은 땅이라면 사족을 못 쓰는 걸까? 원인은 한 가지다. 면면히 흐르는 조상들의 자식 사랑에는 땅만한 대물림이 없기 때문이다. 땅은 인간이 발을 디디고 사는 터전이며 환금성이 높으며 몇 배의 이득도 남길 수 있는, 가장 배신을 안 한다는 수백 년의 믿음이 있기 때문이다.

살아서나 죽어서나 그렇게도 명당이나 터에 대한 선호도가 있는데, 현실의 가장 발복하는 땅은 일단 대한민국 서울의 강남땅임은 누구도 부인하긴 어려울 것이다. 불과 1세기 전까지만 해도 각광받지 못하던 나루터들이 이제는 모든 사람들이 입성하고 싶어 하는 가장 경쟁률이 치열하고 땅값도 천정부지로 솟은 땅이다.

세월이 가면 지기(地氣)의 힘도 변모한다. 하지만 현세대의 잘살고 부를 누리는 사람들이 가장 많이 사는 데가 강남이라면 그 땅의 힘을 인정하지 않을 수가 없다.

귀신이 사는 곳이 천당 지옥이라면 이 땅에는 터신들이 살고 있다. 좋은 땅을 지키고 소유하려고 하는 터신들의 싸움이나 텃세는 현재 강남땅의 선호도만큼이나 치열하다고 본다. 눈에 안 보인다고 아니라고 하지는 마라. 신의 세계에서도 실제로 치열한 물밑싸움이 일어나고 있다.

예화

병술년에 강남 최초의 무속인의 카페를 내자고 하여 삼성타운 옆 강남역 근처에 사먼카페(Shaman Cafe)를 냈었다. 금요일에 가서 보고 월요일에 계약을 하였다. 뭐든지 맘에 들면 즉각 일을 저질러 놓고 수습을 하는 것이 나의 특기이다.

터신이 맘에 들어 해 곧 계약을 하게 했을 터인데, 3일이 지나도 터신이 나타나지 않았다. 5일째쯤 되는 날 어린 처녀아이가 "나오세요, 나오세요! 대장군님 나오세요!" 하고 소리쳐 부르니 "누가 나를 불러?" 하며 나온 사람은 키는 구척에 머리는 해모수처럼 약간 풀어헤쳐져 있고 오른

손엔 긴 쇠창살을 직각으로 들고 무서운 눈으로 나를 째려보셨다. 꿈속에도 얼마나 나는 작고 그 장군은 거인으로 보였는지 깜짝 놀라서 깨었다. 누구실까? 궁금하였지만 직접 누구라고 말을 안 해 주시면 나도 알 도리가 없다.

한동안 너무나 사주 보는 데 바빠서 정신도 없고 흥미도 잃으며 지쳐 갔다. 내가 원하는 것은 단청 안에서 공개 강의를 하는 것이었는데, 2층 좁은 공간에서 하루 종일 아마추어 사주쟁이들이 하는 점사나 보고 있으려니 속이 터졌다.

어느 날 그 동네 사는 이 여사가 이 자리가 왜정시대에 용이 승천했다는 '용허리'라는 지명으로, 실개천이 있었는데 장마만 지면 물이 찼었다고 하였다. 또 언덕 너머가 일본 놈들이 용의 승천을 막을 요량으로 허리를 끊는 말뚝을 박았다 하여 '비성거리'라고 한다는 동네 역사도 말해 주었다.

야밤의 카페 앞 정원에 세운 조형물은 마치 용의 형상이다. 그 터신과 장사 인연이 닿는 사람이 앞 정원에 연못을 만들고 분수를 만들어 물을 뿜으면 용이 승천하는 큰 재복을 받을 거라는 생각이 든다.

48 터신과 잘 사는 방법은?

각 터에는 그 터를 지배하는 터신이 있다고 했다. 어떤 터든 사람이 그 터에 들어가 살거나 소유할 때에는 그 터신과 친해지거나 사랑을 받거나 아니면 적어도 해코지 정도는 안 하는 터에 살아야 한다고 본다.

터나 산소자리를 보는 지관들은 양택, 음택도 잘 알고 어떤 터는 너무 세고 어떤 터는 너무 약해서 어떻다는 등등. 터에 대한 많은 연구가 있고 또한 그 내용이 황당무계하지만은 않다.

대선후보로 나온 어떤 사람은 묘 자리를 옮기고 당선이 됐다는 설도 공공연히 있다. 또 어떤 집에 살면서는 재산이 불고, 어떤 집에 들어가서는 줄줄이 초상이 났다거나 하는 말들도 듣게 된다. 아무리 미신이니 아니니 해도 실제로 현실적으로 그런 일이 일어났으니까 그런 말들이 돌고 사람들이 믿게 되는 것이다. 특히, 터가 너무 세서 사람이 흉하게 죽거나 왕창 망한 가게 터도 마지막으로 들어간 사람은 떼돈을 버는 경우도 있어 도깨비터란 말을 듣기도 한다.

터도 오랫동안 방치하거나 내버려두면 흉가의 터와 다를 바가 없다. 신도 터도 인간의 정성을 먹고 산다. 사람이 들어가 사는 터는 보듬어주는 정성을 원한다. 터가 셀수록 넓고 고급스러울수록 터신의 선호도가 분명하고 그 소유한 사람의 운세와도 밀접하다. 부자의 척도가 소유한 터의 크기나 고급스러움과도 함께해 보이는 것은 우연이 아니다.

터신과 친밀해지고 싶거나 나를 좋아하는지를 알아 발복하고 싶은 사람들은 예우를 갖춰 터를 가꾸고 대접하라. 내 터를 지배하는 터신이 무엇을 좋아하는지 원하는 게 무엇인지 그 모습이 어떠한지 궁금하지 않은 사람이 있을까? 높게 되고 싶은 사람은 한 치의 소홀함도 없이 지극 정성을 다하기를 바란다.

예화

강화도는 예로부터 큰 경기나 중요한 일을 앞두고 횃불을 채화하는 마니산이라는 성지가 있고 수많은 신들이 살고 존재하고 부리는 신들의 땅이다. 곳곳에 기도터도 많고 각 종교 단체들의 성전들도 요소마다 있어서 강화도 하면 우리나라 서해안의 성지임은 다들 인정하는 바이다.

싱그러운 미소가 맑은 신기로 무장된 오래된 지인이 있다. 맨 처음 한옥을 사서 그저 좋아서 고치고 보수하고 여러 골동품이나 각 나라의 문화재들을 모으다 보니 이제는 작은 박물관이 되어서 외국의 귀빈이라도 초대하면 한국 전통의 성이라고 다들 너무 좋아하였다.

처음에는 멀기도 하고 관리도 힘들고 하여 집을 팔까도 하였지만, 세월이 가면서 오히려 손질을 더해 실내는 현대식으로 하고 겉은 전통 한옥의 멋을 살려 원형 보전을 하다보니 둘레 땅도 몇 천 평을 더 사게 되고 돌담도 쌓고 하니 대갓집 터보다 커졌다.

몇 년을 손을 대다보니 수주상량식을 할 겨를이 없었다. 어느 날 오랜만에 강화집에서 잠을 자는데 새벽녘, 어른아이들과 들개들이 열린 문을 통해 들어섰다. 집 구경을 하고 싶었을까? 터신께서 이때쯤이면 자랑도 하고 싶고 동네사람 초청해 대접도 한번쯤은 하고 싶다는 뜻이다. 길일에 큰 공덕을 드리니 고맙다는 말씀을 하시며 흐뭇해 하셨다. 늘 그 땅의 터를 보살피고 돌보는데 어떻게 그 터신이 안 예뻐하겠는가?

가짜가 아닌 진짜 전통 돌부처님이나 오래된 기와, 대들보, 창살 등을 써서 집을 꾸미니 고전풍의 향내가 났다. 풍광이 좋고 꽃나무가 잘 다듬어지고 뒤꼍에 맑은 옥수가 흐르는 우물이나 비단잉어가 헤엄치는 연못, 금계가 있는 정원은 편온하다. 사람의 손결과 정성이 들어간 터는 살아있다.

모든 게 날림이고 새것만 좋아하는 현대인들에게 우리 전통의 단청이나 문양을 직접 옮겨 그대로 재연하려는 것은 시간이나 비용이 만만치 않은데도 불구하고 이런 것을 마다 않는 사람도 있다는 것은 반가운 일이다.

품위 있게 잘 가꾸어 귀한 인연의 사람들에게 공개되어 보다 많은 사람들이 동양의 향기에 흠뻑 취할 수 있었으면 좋겠다.

 49 귀신을 쫓는 행위는 누구나 할 수가 있는가?

 귀신이란 말 그대로 조상신과는 다른 수많은 죽은 사람들의 신들을 말한다. 조상신처럼 근본과 뿌리가 있어 자신이 낳은 자손에 대한 책임과 의무가 있어서 보살핌이나 애정을 가지고 있는 신과는 별개라고 본다.

 귀신이 붙는다는 것을 빙의라는 말로들 쓴다. 빙의는 훼방과 해코지 등등 과학이나 현실적으로는 다 설명할 수 없는 정신세계의 혼란을 보여준다. 일상생활이 힘들고 어려워질 때는 귀신을 쫓는 여러 가지 방법이 동원된다.

 하지만 인간정신 세계의 오묘함이나 알 수 없는 미지의 신의 세계에 대한 외경심이 있다면 모든 이상 행동을 빙의로 볼 수는 없다. 빙의는 초점을 귀신에게만 맞춰보는 관점이고 모든 걸 빙의로 풀어가는 것은 억지이다.

스님이나 성직자가 염불이나 미사로 귀신을 떼기도 하고, 무당이 굿을 해서 귀신을 물리쳐 주기도 하고, 도를 닦아서 도인이 된 사람들이 여러 가지 행위를 동원해 퇴마라는 의식으로 귀신을 떼어주기도 한다.

따라서 일반인들이 할 수 있는 행위는 아니고, 무언가 도력이나 신기가 있는 사람들만이 할 수 있는 일종의 삶의 정화 행위이다. 선부른 퇴마의식은 자칫 본인의 생명과도 맞바꾸는 위험이 있음을 모르고 함부로 행동을 하는 일반인들은 없기를 바란다. 귀신도 좋은 귀신 나쁜 귀신이 있어서 어떤 때는 모든 귀신을 물리칠 필요가 없다고 보기도 한다.

예화 1

막내로 태어나 부모님이나 언니 오빠 눈에는 애들로만 보이니 하고 싶은 일 다 하고 살기가 만만치 않은 박씨 아가씨는 맘이 늘 우울하였다. 그런데 어느 날인가부터 갑자기 명랑해져 이상할 정도였다.

내가 살펴보니까 서너 살의 예쁜 동자동녀 귀신이 쫓아 들어와 거실에서 소꿉장난을 하며 재미있게 놀고 있었다. 애기들 귀신이 붙어 그렇게 깔깔거렸나 싶었다. 과자 한 봉지를 다 먹고 즐겁게 종알거리고 내게 애기칫솔을 사다가 주며 귀엽다고 하고, 넘어져 다치기도 하곤 했다.

날을 잡아 동자동녀 귀신을 내보내자 휙 날아가 성당옥탑에 가서 앉았다. 그 후 박씨 아가씨는 우울증이 생겨 병원도 가고 한동안 고생을 하였다. 산 자와 죽은 자의 길이 달라도 착하기만 한 동자동녀 귀신들하고 그냥 같이 살면 안 되었던가, 가끔 의문이 들기도 한다. 무조건 귀신이므로 산 자의 몸에서 떼어내야만 할까?

예화 2

분당에 사는 안 여사는 김포 사는 동생의 댁이 갑자기 귀신이 야심한 시각에 나타나 귀에다 대고 무언가를 속닥인다고 하여 급히 나를 찾아왔다. 누워있으면 옆 잔등이를 손가락으로 꾸욱 눌러 무서워서 뒤를 돌아볼 수가 없다고 하였다. 앞전에 무슨 일이 있었는가 하니 아버지 생신을 치렀다고 하였다.

동생의 댁 임씨는 역사에 나오는 큰 의적의 후손이어서 기가 세었다. 귀에 대고 환청을 들리게 한 장본인은 안씨네 조상이었다. "내가 너를 어여삐 여겨 혼인 후 한 번이라도 대접받기를 바랐지만 기다려도 소식이 없었다. 네가 나를 지극히 모시면 큰 복록과 재물을 주겠노라!" 하며 반가워하셨다. 잡귀신이면 내치려 했지만 편안하고 높으신 시댁 안씨 조상이라 이름 지은 초우인과 옷 한 벌을 내 법당에 잘 모셔두겠다고 하였다.

어떤 무당은 일반인에게도 집안에 '업단지'라든지 뭔가 조상신에 관계되는 것을 모셔놓으라고 지시하는데 나는 반대이다. 자꾸 그렁저렁 하다 보면 좋은 일보다는 우환이나 안 좋은 일이 더 많이 일어나기도 하고 섣부른 무속 행위는 자칫 귀신만 불러들여 험한 꼴을 당하기도 하니, 무당이 시켜서 무엇 무엇을 모시라고 해도 마음에 안 내키면 하지 마라.

최근에 내게 인터넷 상담을 한 사람도 항아리를 모시라고 해서 장롱 속에 넣어두었는데 그날부터 맘도 안 편하고 꿈자리도 사나워서 불안하기

짝이 없으니 이를 어쩌냐고 고민하는 글을 올린 적이 있다. 어떠한 경우도 맘에 안 내키는데 억지로 하는 것은 이미 복 받는 마음보다는 불안감만 더한 쓸데없는 행위가 될 것이다.

50 귀신은 천수에도 영향을 끼치나?

　인간은 영원히 살기를 원한다. 중국의 진시황은 영원히 살기 위해 불로초를 구하려 했고 수많은 인간들이 천수(天壽), 즉 내가 가지고 태어난 명운이나 수명을 연장하기 위해 별별 방법을 동원해 어떻게든 더 살기를 바란다. 적어도 내가 이 세상을 끝까지 살다가 저세상으로 가면 원한이 덜할까? 누구든 천수는 늘리기를 바라고 벽에 똥칠을 할 때까지 살기를 바란다.

　하지만 여러 가지 이유로 수명엔 돌발성 많다. 명이 짧지는 않았지만 천재지변은 인간의 수명에 우선한다. 수백 명이 동시에 사망하는 사고나 비행기 추락 등은 한꺼번에 저세상으로 끌려가는 악운이기도 하다. 현대는 훨씬 더 많은 사고와 사망이 널려 있어 위험에 대한 보장으로 보험 한 개쯤 드는 것은 당연한 세상이 되었다.

　생로병사라는 인간 삶의 모습에서 안 아프기를 바라고 안 늙기를 바라고 안 죽기를 바라지만 오는 백발을 지팡이로 두드린다고 안 올 것인가? 나이가 먹으면 느는 것은 어떻게든 되돌리려고 하는 청춘이다. 예뻐지기 위해 주름을 없애는 데도 돈이 들어가고, 썩은 장기를 이식해 생명을 연장하는 데도 돈이 들어가고, 하물며 천수인들 방법만 있으면 늘리고 싶다는 생각을 할 때 그 대가는 무엇인가?

예화 1

평생을 옷장수 마누라 등골만 빼먹고 산 강씨는 환갑 나이에 신장투석을 하는 신세가 되었다. 이미 천수가 앞에 왔는데도 착한 마누라는 어떻게든 살리기를 원했다. 나를 먼발치에서 보며 졸졸 쫓아다니며 눈치만 보았다. 어느 날 갑자기 "아유, 알았으니까 내가 한번 살려주지요!" 하며 검정 바지 하나를 얻어 입고 돈도 안 받고 제살을 시켜 수명이 연장이 되었다.

그 후 삼 년 뒤 옷장수 아줌마가 나를 쫓아 어느 가게 안으로 들어왔다. 어찌 지내냐고 물으니 "덕분에요." 했다. 나는 갑자기 "내가 아줌마에세 해 준 것도 없고 인연이 연결된 것도 없는데 무슨 덕분이요?" 하며 화를 내었다. 민망해진 아줌마가 나가고 사람들이 내게 물어왔다. 얘기를 들으셨냐고? "무슨 얘기요?" 했다.

지지난 밤에 며느리가 애를 낳다가 죽어서 떡두꺼비 같은 아들 손자가 졸지에 어미 없는 자식이 되었다고 다들 허를 끌끌 찼다. 애 낳다 죽은 귀신이 제일 모진데 붙으면 어떻게 하냐고 다들 두려워했다.

내가 가장 경계하는 부분이 이 부분이다. 아무리 나를 꾀고 얼러도 60세 환갑이 넘은 사람들의 천수는 절대 늘리려는 행위를 해 주지 않는다.

예전에는 몇 번이나 해 주어 천수를 늘려간 적이 있었다. 하지만 후 3년, 즉 3년 내로 안 좋은 일이 자손에게 일어나거나 우환이나 손재가 심해져, 지금은 노인네들이 천수발원을 해 달라고 부탁을 하면 파란만장한 일이 일어날 터인데 그래도 되냐고 반문을 한다. 젊은이들인 경우에는 천수보다는 주로 횡액이 앞선다. 이런 경우에는 최선을 다해 막아주고 싶다.

예화 2

이씨 언니는 친동생같이 늘 내게 잘했다. 성정이 맑고 까다로워 남과 어울리는 데는 칼 같은 사람이었지만 이장이셨던 아버지는 꿈에 선몽도 하며 딸자식을 보살펴 주셨다.

남편은 작은 체구에 법 없이도 살 만큼 착하신 분이다. 늘 내가 운과 건강을 보살펴 주었는데 천수보다 더 무서운 횡액이 기다리고 있었다. 내가 말한 음력 3~9월만 넘기면 그런대로 잘 살 수가 있는데, 귀신이 기다리고 있어도 나를 당할 수는 없었다.

순간 정신이 멍해져서 있기도 한 어느 날 갑자기 펄펄 끓는 물이 다리에 쏟아져 데이고 말았다. 맹물에 데었는데도 자그마치 봄부터 가을까지 진물이 나오더니 큰 흉터를 다리에 남기고 아물었다.

귀신의 해코지는 횡액일 때는 큰 흉터라도 남기고, 천수일 때는 대신 자손이라도 데려가거나 손재라도 끼치지 공짜가 없다. 수명을 주관하는 신은 조상신이라기보다는 염라대왕 사자나 귀신 등 보다 더 강력한 힘을 갖는 귀신의 세계임이 분명하다. 하지만 착하고 맑은 조상의 줄기는 귀신도 어쩌지 못하는 힘이 있다.

51 귀신을 부르는 행위에는 어떤 게 있나?

　귀신은 소리나 빛, 색에 민감하다. 그 중에서도 강렬한 소리에 귀신은 동한다고 본다. 요령이나 방울, 꽹과리, 징, 북소리 등등 단음이면서도 강한 타악기의 소리에 쉽게 반응을 한다.

　귀신을 부르거나 할 때 가만히 앉아서 혹여 지금이라도 올까 저제라도 올까 하고 시간을 보내는 무당은 없다. 휘파람을 불며 몸을 부르르 떨거나 눈을 껌박거리거나 자신도 모르게 무가가 술술 흘러나오거나 한다.

　둥둥둥 소리, 꽹꽹꽹 소리, 딸랑딸랑 소리 등등. 그래서 귀신도 잠을 자거나 어디선가 망연히 있을 때 이런 강렬한 소리를 들으면 깜짝 놀라거나 하는 것이 여러 실험으로 입증되기도 한다.

　조상신들은 자신의 자식이나 사랑하는 직계자손들이 부르는 소리를 너무나 잘 안다. 특히, 세상 떠난 지 오래되지 않아 이승과 저승의 경계가 아직은 혼란스러운 조상들은 그 새록새록함이 남다르다. 진혼굿을 할 때 울고불고 하는 경우도 금방 죽어 이미 고인이 된 망자에게는 애달픔이 더한 게 아닐까?

돌아가신 지 너무 오래되어 본 적조차 없는 아버지는 어리둥절하며 나오실 때도 있다. 마치 시차 적응이 안 되는 모습으로 너무 눈부신 불빛이 깜빡거리면 여기가 어디냐 웬 호롱불이 이리도 많으냐고 촌스럽게 물어보시는 분도 계셨다. 영민하지만 너무 일찍 죽은 형제자매는 영향력을 행사해서라도 영원히 살기를 원한다.

귀신은 붉은 색을 좋아해서 제상에 놓는 사탕은 붉은 사탕을 놓는다는 오래된 제례의식이 있고, 강렬한 빛이나 향 등 아직은 살아 있지만 언젠가는 다 같은 죽음 뒤의 세계로 사라질 우리들이 믿고 있는 사실들이 귀신과 친해지는 방법이 아닌가 싶다.

맞고 안 맞고를 따지기 이전에 이미 오랜 세월 통상적으로 믿는 부분은 그대로 믿는 것이 낫다. 누구라도 죽음의 저편으로 넘어가 있는 귀신의 세계를 완벽하게 검증할 방법은 절대 없다. 모르는 부분에 과학적 잣대를 들이대며 따져봤자 소용이 없다.

예화

내게는 위로 6·25전쟁 때 장티푸스를 앓아서 죽은 큰언니가 있다. 서너 살 때 죽었다고 하는데 안성 어느 산인가에 묻어서 부모님이 나중에 전쟁 끝나고 한번 찾아갔는데 어디가 어딘지 찾을 수가 없었다고 섭섭해하셨다. 딸만 연이어 세 명을 낳아 하나는 죽고 마지막에 낳은 것이 내

남동생이다. 외탁을 해서인지 체격도 크고 눈도 부리부리하고 잘생겼다.

몇 년 전 수지 유원지 쪽에서 한정식을 한다고 하여 인수한 곳은 절벽에 물이 흐르고 연못이 있는 절 같은 분위기의 식당이었다. 맨 처음엔 대박이었지만 점점 손님이 줄었다. 무슨 연유로 내가 이곳에 왔을까? 매일 아침마다 과자 한 봉에 요구르트나 우유를 놓고 매매를 위해 축원하니 죽어 선녀가 된 언니가 나왔다.

선녀언니는 내 무덤의 산을 넘고 넘어 광교산 자락에 연이어 이곳 연못에 이르렀다 했다. "네가 나를 모르느냐?" 이후로 영민하고 총명하고 성질 대단한 선녀언니는 손님을 가리고 손님의 의중을 파악하는 데 앞장서며 "내가 재물신이니 나를 잘 모시면 너를 도와주마!" 하였다.

남동생은 유아사업을 한다. 늘 선녀누이가 좋아하는 걸 저절로 하고 있는 줄도 모른다. 어느 때 엄마가 시집올 때 가지고 온 오십 년도 넘은 함이 생각나 물으니 벌써 네 동생이 가지고 가서 함에 들어있는 속옷가지를 다 꺼내 일일이 이건 고쟁이, 이건 속치마, 이건 속저고리 등등 이름표까지 붙여 유치원에서 전통에 대한 전시회도 하였다고 하였다.

외국에 놀러갔나 오면서는 엄청니게 커다란 가방이 있어서 무얼 사왔나 했더니 둥근 접시가 가득한 드럼세트가 나왔다. 어린아이들이 가장 먼저 접하는 게 두드리는 타악기 소리이다. 유치원 계단마다에는 시골 큰집의 오래된 항아리, 시루, 여물통, 함지박 등이 놓여있다.

자기도 모르게 모든 것이 조상신이든 어려서 죽은 누이의 신이 좋아하는 것이든 이러한 쪽으로 초점이 맞춰지다 보면 누가 도와도 돕는다고 잘 살 수밖에 없다. 지금 남동생은 재물도 흥왕하고 잘살고 있다.

52 귀신은 부르면 다 나오는가?

 귀신을 부른다고 하는 행위는 성직자나 무속인 등이 귀신이 쓰인 어떤 사람한테서 그 귀신을 떼어내거나 아니면 의뢰를 받아 조상들을 불러주는 경우 등이다. 귀신을 부른다고 모든 귀신이 다 나오지는 않는다. 어떤 경우에는 부르지 않아도 갑자기 나오는 경우도 있고, 어떤 경우에는 아무리 불러도 나오지 않는 경우도 있다.

 조상신의 경우 죽어 금방 된 부모님의 원혼은 부르지 않아도 이미 나와서 계시는 때가 많다. 이미 당신의 자손들이 상을 차리고 향을 피우고 당신을 위해 뭔가 위로나 원혼을 달래는 의식을 하고 있다는 것을 알고 계신 것이 분명하다. 얼마나 반갑겠는가?

 하지만 어떤 경우에는 사고로 간 형제 중 사랑도 못 받고 험히 외로이 간 영혼을 불렀을 때 다 등장하지는 않는다. 또 누리고 살 만큼 다 살다 가도 원한이 남는데 불의의 사고나 질병으로 단명을 한 영혼은 어떻겠는가? 이 경우는 전혀 부르지 않아도 기회를 엿봐 느닷없이 등장하거나 머무는 경우도 있다. 어떠한 경우도 힘히 간 영혼은 그 직계나 일가친척이 원혼을 달래주는 의식을 꼭 먼저 해 주기를 바란다.

예화 1

신기가 왕한 송 여사는 관재구설로 시달리다가 송사를 앞두고는 뻔질나게 나를 찾아다녔다. 이런저런 것을 묻다가 자매들도 소개를 하여 신사를 하게 되었다.

형제가 6남매인데 둘째오빠가 재작년에 갑자기 교통사고로 죽었다. 부부 사이도 제일 안 좋았고 형제 중 그 부인만 종교가 달랐다. 살아생전에도 뜻이 맞지를 않았는데 지금은 왕래조차 잘 안 하는 듯했다.

맨 처음 큰언니가 신사를 하며 죽은 동생 옷도 한 벌 해 주며 원혼을 달래니 "우리 자식들은 어떻게 살고 있는지, 잘 살고 공부는 잘하는지……." 하며 서럽게 울었다. 얼마 뒤 이번에는 둘째동생이 신사를 하였다. 오빠는 잘 있는지 이빈에도 새 옷을 한 벌 해 주며 원혼을 위로하니 이제는 "애 엄마는 어떻게 코빼기도 한번 볼 수가 없냐?"고 원망을 하였다.

얼마 뒤 이번에는 셋째가 신사를 하며 오빠를 또 불렀다. 이번에는 벌컥 화를 내며 "왜 자꾸 나를 부르느냐, 귀찮게. 살아있는 너희들이나 잘 먹고 잘 살든지……." 하며 역정을 내었다. 시샘이나 분함이 배어나오는 목소리였다. 이미 죽어간 사람들 중 현생이 아쉽거나 남아있는 자손을 제대로 키우지도 못하고 이승을 떠나갔을 때의 심정이 어떤가는 귀신이나 사람이나 다 같다.

그 후 물론 부르지도 않으려 했지만 다시는 그 모습을 볼 수가 없었다. 다 귀찮고 그저 당신의 아들딸이 보고 싶었을 텐데 보여줄 수 없는 마음이 안타까웠었다.

예화 2

늘 한결같이 마음이 예쁜 의성김씨 동생은 막내로 태어나서 고생만 했지만 중년에 발복을 하는 신기 왕한 사람이다. 2년 전 3월 1일경 갑자기 고사를 지내고 싶다고 하여 삼색 나물을 하는 중 자꾸 문을 열어놓고 싶었다. 순간 무언가가 휙 들어오는 듯싶었다. '아, 상문이 들었구나!' 하는 생각에 접시에 나물 3가지를 떼어내어 담아 문간에 놓았다. 그 순간 전화가 울렸다. 절친한 이 여사가 어젯밤 8시경 차에 치어 돌아갔다는 김씨 형님의 전화였다.

독실한 천주교인인 이 여사는 삼재 중이었는데 악운의 악운을 그렇게 다 겪다가 돌아간 걸 생각하면 가슴이 아팠다. 관재, 구설, 폭행, 자식가출, 손재수, 질병수 등등. 삼재 중 겪을 수 있는 7가지 횡액은 다 겪은 상태인데 이제는 사망까지 했으니 어이가 없었다. 뒤에 온 김씨 형님이 의례를 부탁하니 내 법당에 와 계셨다. 아니 성당이 바로 근처인데 왜 내 법당에 머무느냐고 아무리 얼러도 49제까지만 이곳에 머물면 안 되냐고 읍소하였다.

나중에 49제를 김씨 형님이 돈을 내어 해 주었다. 미안해하며 떠나는 영혼의 시댁이 경주김씨였다. 그 의성김씨 동생네 시댁도 경주김씨였다.

3·1절 날 버섯분수대 앞에서 음악회를 감상하다 그 앞 횡단보도에서 하얀 차에 부딪혀 그렇게 세상을 떠나가셨다고 울먹울먹 말씀하셨다. 모르는 남의 집 고사에 단지 같은 성씨의 시댁 줄기를 타고 들어와 저세상으로 가신 분의 한 많은 삶이 우연이기만 한 걸까?

예화 3

20대 후반의 나씨 딸은 총명하고 똑똑해 유학을 앞둔 시점의 열흘 전 갑자기 교통사고로 세상을 떠났다고 쉬쉬하며 애석해들 했다. 얼마나 한이 많을 건가.

1년쯤 지났을 때 아버지와 마주보며 상회를 하는 신사장에게 갑자기 나씨 아버지가 시비를 걸었다. 죽자살자 싸우는데 아무래도 이상했다. 내가 보니 귀신이 씌웠다 떨어졌다를 반복했다. 잘 아는 신사장에게 처녀귀신이 씌운 것 같으니 옷이라도 한 벌 해서 날려주자고 하니 흔쾌히 그러자고 하였다.

그 후 1년쯤 지나 이번에는 술 취한 신사장이 나사장을 죽인다고 밤새도록 쫓아다녔다 했다. 순간 아차 싶었다. 그 처녀의 제삿날인가? 원한에 가니 또 제삿밥을 먹고 싶은 건가?

하지만 전혀 모르는 사람의 옷 한 벌이나 섣부른 위로보다는 식구들의 천도가 우선되어야 하는데 죽은 딸의 원혼을 방치를 하는 건 아닌지 물을 수도 없고 나씨 성만 알지 전혀 모르는 사람인데 안타까웠다.

53 인간은 누구나 신기가 있는가?

앞에서도 이야기했듯이 인간에겐 누구나 신기(神氣)가 있다. 신기란 사고, 지각, 예지력, 신통력, 꿈의 세계 등등 과학적으로 설명 안 되는 모든 정신세계의 오묘함이 과거, 현재, 미래에 비추어 볼 때 미래 예견이란 부분으로 들어가면서 그 힘을 더 발휘하게 된다.

지나온 길이나 현실은 누구나 눈으로 보이고 검증이 되는 부분이지만, 미래는 바로 한 치 앞의 일도 모르는 미지의 세계이다. 하지만 누군가 느낌이나 예지력으로 미리 그 상황을 알아챘을 때는 그 신통력에 다들 감탄을 하게 된다. 그 또한 그 사람만이 가지고 있는 능력으로 인정을 하면서 신기가 왕하다고 한다.

모든 사람들은 크든 작든 자신이 소유한 몸이나 정신의 주체로서 다들 어느 정도의 예지력이나 느낌은 갖고 있다. 이 예지력이나 느낌은 개발을 하면 할수록 그 적중 확률이 더 높아진다.

꿈자리가 사나운 날에는 남과의 시비를 삼가라. 가고 싶지 않은 상가집에는 억지로 가지 마라. 왠지 기분이 안 좋은 날은 외출을 자중하라. 몸이 아프거나 아무 일도 없는데 불안한 경우는 그 불안감이 어떤 사건의 예고일 수도 있다. 불현듯 타고 싶지 않은 차나 비행기는 피하라. 느낌은 신기이다. 느낌을 무시하는 사람은 생과 사의 갈림길에서 살아남을 확률이 없다.

인간은 살아있는 생명체이고 잠시도 숨을 안 쉬면 살 수가 없는 존재이다. 이런 생명체를 지배하는 정신의 세계는 오묘하다 못해 신비롭기까지 하다. 자신을 지배하는 정신의 신기의 흐름을 잘 파악해 보다 나은 양질의 삶을 이끌어가는 원동력이 되기를 바란다.

일전에 TV에서 몰입에 대해 방송을 했다. 새로운 사실을 발견한 과학자의 두뇌나 무속인이 접신된 상태의 뇌의 상태는 우뇌의 전두엽이 빛이 난다고 하는 걸 봤다. 나라고 하는 사람은 내 몸의 주인이자 작은 신이라는 것을 잊지 말자.

예화 1

길동의 김 여사는 빌라 아래층에 살던 할아버지가 돌아가셔서 그냥 장지까지 쫓아가게 되었다. 하관을 하는데 갑자기 별똥별이 떨어질 때의 유성 같은 빛나는 물체가 그 시신 쪽에서 확 나오며 김 여사를 덮쳤다. 그 순간 쓰러져 속이 미슥미슥해지며 토하기 시작했다.

장의사 버스를 타고 집에 올 때까지 토하기를 반복해 나중엔 쓴물까지 나오는데 집에 들어와서 누우니 무섭기가 이루 말할 수 없었다. 밖의 베란다에 걸려있는 흰 옷가지들도 너풀거리는 게 귀신으로 보이고 삼일밤낮을 그러다가 염주를 손에 들고 깜박 잠이 들었다. 깨니 코피가 주르르 흐르며 그런 무서움이 사라졌다고 놀라서 내게 말을 하며 정말 영혼이 있는 게 분명하고 봤다고 하였다.

소위 살(殺)을 받았다고 하는 건데 초상집이나 환갑집, 잔칫집들에 다녀올 때 이런 경우가 흔해 약하면 풍이 걸려 쓰러지고 심하면 사망까지 이르니 조심들을 하라. 고속도로의 승합차 사고도 유난히 잔칫집 갔다 오는 경우에 많이 일어나는 게 우연이기만 할까? 과학의 잣대로 들이대면 다 황당한 일들이지만 현실에선 지금도 수없이 일어나는 일들이다.

예화 2

눈 크고 건장한 체구의 이 회장은 의외로 겁이 많다. 영안실에는 직원을 보내거나 가더라도 식사를 하는 경우는 거의 없었다. 어느 날 높으신 분이 돌아가셔서 새로 지은 유명한 병원의 영안실을 직접 가게 되었다. 다들 육개장을 먹는데 할 수 없이 한술 뜨고 일어나 계단을 한 발짝 두 발짝을 디디는 순간 어떤 뜨거운 물체가 머리부터 발끝까지 확 덮어씌우며 다리가 후들후들 떨리었다.

집에 왔는데 몸이 부들부들 떨리는 게 안 멈춰 급히 나를 불렀다. 풍은 아닌데 마치 풍의 전조처럼 몸이 뜨겁고 막힌 듯했다. 약사여래를 많이 부리고 다니던 때라 사혈을 하며 어깨를 세게 내리치면서 "넌 누구냐?" 물으니 "나는 의사인데 이 사람이 몸집도 좋고 튼실해 같이 살기를 원하오." 했다. 물론 떼어냈지만 많이 배우고 욕심도 많았던 귀신들일수록 신기 왕한 사람들의 몸에 얹혀 다시 살길 원한다.

이런 종류의 예화는 사후세계는 뒷전이고 귀신 떼는 걸로 유명한 기도원이나 퇴마사들에게는 흔한 일들일 것이다.

54 신기가 99% 왕한데 일반인 으로 살 수가 있는가?

신기가 세다는 사람들을 보면 보편적으로 팔자가 세다는 소리를 많이 듣는다. 그냥 평범한 사람들이 대충 살아갈 부분도 신기가 센 사람들은 총기가 왕해서 그냥 넘어가는 부분이 없다. 욕심도 많고 소유하려는 본능도 남보다 심하고, 그러다 보니 항상 남과 부딪치고 일을 만들고 불협화음이 난다.

하지만 신기가 왕한 사람들은 인간에 대한 흡인력이나 포용력 등이 남보다 월등해 어디에 있든 남의 눈에 띄게 된다. 따라서 예능인이나 정치인 등 크게 잘되거나 남에게 인기를 얻는 직업을 가진 사람 중에 신기가 왕하지 않은 사람이 없다.

자신의 내면에 숨어 있는 끼를 십분 발휘할 때 그 삶은 복잡하고 힘들지만 다양하고 남보다 더 튀는 삶, 돈이나 물질적인 면에서 월등해지기도 하고 권력적인 면에서도 경쟁에서의 승리자가 되는 경우가 많다.

 옛날에는 여성의 경우 현모양처가 최고의 덕목이었다. 하지만 현재는 그러한 삶을 목적으로 하는 사람들은 별로 없다. 스스로의 능력을 개발해 두각을 나타내고 사회적으로도 인정을 받고 돈도 잘 벌고 보다 다양하고 버거운 삶을 선택하는 경향이 강하다. 많은 사람들이 이런 생각을 하고 산다면 삶은 경쟁이 치열해질 수밖에 없다.

 신기가 왕하고 신을 부릴수록 더 강력한 욕망이나 욕심에 의한 일들은 잘 풀린다. 비록 그것이 험난하고 힘들어도 성취에 대한 기쁨은 배가 된다.

예화

 월드컵을 앞두고 대진표를 추첨을 할 때 몇몇 연예인들의 사주를 물어 온 적이 있다. 누가 대진표를 뽑아야 재수가 좋을는지 문의가 들어 왔다. 연예인 중에 얼굴은 얌전하고 독해 보이지도 않는데 의외의 배우가 운도 강하고 강력한 명운이어서 추천했다. 이후 그 여배우는 스타가 되었고 지금도 주인공급 연기자가 되었다.

 일전에 영화제에서 큰 상을 받은 여배우도 촬영 내내 맘고생을 엄청 했다고 한다. 감정의 몰입이 너무 힘들어 견디기 어려웠다고 했지만 결국엔 해냈다. 고통 뒤에 성공이라는 열매까지 얻었으니 얼마나 기뻤겠는가? 그 여배우보다 더 예쁘고 잘났다고 생각하는 사람들도 많을 터인데 말이다. 시상 후 그 여배우의 사주를 보고 깜짝 놀랐다. 강력한 신기가 있는 사주였다. 어찌되었든 남보다 강력하고 신기가 최고로 왕한 사람들이 성공도 한다. 다들 연기에 대해 보는 눈이 전문가인데 큰 상은 아무나 타겠는가?

파란만장한 삶을 두려워하지 마라. 뜻이 있으면 길이 있다. 더 우여곡절 많고 팔자가 셀수록 성공에 대한 믿음은 배가 된다. 힘들지 않은 삶이 어디 있겠는가? 일단 시작을 했으면 경쟁에서 뒤지지 않기를 바란다. 물론 신기는 타고나는 것이 더 맞지만 자기 내면의 신기를 이끌어내 마인드 컨트롤 한다면 성공에 대한 한 발자국을 더 내딛는 것이다.

정치가는 강력한 카리스마와 군중을 당기는 신기가 필요하고, 재벌은 돈을 당기는 신기가 필요하고, 일반인들은 사람들 사이에서 남을 당기는 신기가 있어야 성공을 한다.

신들의 싸움은 신기가 가장 왕한 사람의 편이 돼버린다. 인간과의 싸움은 신기가 왕한 사람이 이긴다.

55 내림굿을 받은 경우 신기가 99%인 사람이 일반인으로 살 수가 있나?

신기라는 말은 흔히 무당이나 무속 쪽으로 연계지어 생각하는 경우가 많다.

신기가 왕한 어떤 아가씨가 점을 자주 보러 다니거나 무속을 좋아해 자주 접하다 보면 열이면 열 무당이 "아가씨는 신기가 왕하구만!" 하는 말을 하는 것을 듣게 된다.

무당이든 성직자들이 믿는 종교든 신기가 왕해서 신들의 세계를 궁금해 하고 접하는 것을 좋아하는 사람을 싫어하는 신들은 아예 없다.

신기가 왕하다는 말을 듣던 어떤 사람이 우여곡절 끝에 신의 세계를 모른 채 신의 밥을 먹는 일을 선택하는 내림굿을 받았을 때, 그 이후의 삶은 일반인의 삶이 아니다. 일반인이란 정상적인 직업을 가지고 정상적인 가정생활과 정상적인 사업 등등 신의 바람이 타지 않는 삶을 말한다.

일단 내림굿을 받거나 종교적인 신의 길을 택한 사람이 다시 원위치해서 일반적인 길을 가려고 하면 절대 되지가 않는다. 신의 세계를 알고서 선택을 했든, 모른 채로 선택을 했든 이 부분이 제일 중요한 인생의 갈림길임을 잊지 말기 바란다.

함부로 쉽게 내림을 결정하거나 신의 세계로 입문하는 20~30대의 젊은이들에게 꼭 당부하고 싶은 말은 절대 쉽게 결정하지 말라는 것이다. 지금도 끊임없이 행해지는 내림의 반열에 다시 한 번 심사숙고 재숙고를 하라는 말은 꼭 해 주고 싶다.

일반인의 길이 아닌 신의 길은 가시밭길이라고 보면 된다. 편안히 돈만 벌 요량으로 내림굿을 받아 무당이 되려고 한다면 얼마나 심한 착각인가 다시 한 번 말한다. 신기가 왕하다는 것과 신의 일을 직업으로 갖는다는 것은 확연히 다른 삶임을 명심하라. 신령님이 바로 코앞에 오셨다고 아무리 추켜세워도 거의 다가 허주인 경우이니 속지 말길 바란다.

예화

나는 어릴 때부터 항상 삶에 자신이 있었다. 늘 매사가 쉬워 보이고 하면 다 잘될 것 같고 돈도 벌려고만 하면 다 잘 벌 수 있다고 생각하고 살았다. 욕심도 많고 일도 잘하고 배움도 있고 남들이 말하는 팔방미인이라는 소리를 들어도 괜찮을 정도의 재주 많은 삶을 살아 왔었다. 항상 긍정적이니까 매사가 분홍빛으로 보이는 것은 당연했다.

내가 살면서 재미있었던 부분은 밥을 먹다가도 앞이나 옆에 앉은 사람의 운이 궁금하면 꼭 사주를 보고 밥을 먹어야지 할 만큼 그 궁금증을 참지 못했다. 지나고 나서 보니까 인간들의 삶만 궁금하고 재미있었지 내가 가졌던 수많은 직업은 단지 돈을 벌기 위한 들러리의 역할만 하였다는 생각이 든다.

'내림굿'이란 내가 갖고 있는 확실한 신기에 대한 한 획을 긋는 것이고, 신들을 안심좌정 시켜놓으면 점사는 취미로 하고 내가 하고 있는 직업을 잘할 줄 알았다. 하지만 신의 뜻은 어떤 경우에도 신의 일이 우선이고 나머지는 모두 뒷전인데도 깨우치니 못한 채 세월이 갔다.

언제나 용두사미이고 잘나가는 듯이 보이던 사업도 꼭 끝이 없이 뒤집어졌다. 이 점은 다른 모든 무당들이 늘 자신의 구구절절한 삶의 내용을 쓸 때 대동소이하게 경험한 부분이다.

나는 능력 있고 적어도 많은 부분의 흡인력이 뛰어난 사람이다. 하지만 내림을 받은 나는 일상생활로 돌아가 돈을 잘 벌 수는 있지만 모을 수가 없다. 잘 벌다가도 발칵 뒤집어진다. 신의 일만을 하며 살 수가 있도록 원위치 시킨다.

신령님들이 인간보다 너무나 높다는 것을 인정 안 할 텐가? 결국 끝까지 대들면 가장 가슴 아픈 사망사고들이 일어난다. 남편을 치고 자식들이 먼저 가는 가슴 아픈 경험은 그래서 많이 겪는다.

신을 부리는 능력이란 일반인들의 신기보다도 백배는 더 강력하다. 수많은 귀신이나 조상신들을 대면해 신의 말을 전달한다는 것이 쉬운가? 신의 세계는 바다와 같다. 진정 신의 세계를 알 수가 있으면 일반인으로 사는 것이 맨송맨송할 것이다.

　나는 이제는 후회 없다. 해야 될 일이 무엇인지 갈 길이 보이기 때문이다. 내가 아는 신의 세계를 더 확실하게 인지시켜 실수로 신의 일을 할 자는 멈추게 하고, 꼭 해야 되는 자는 올바르게 이끌어주는 완벽한 조상신의 대변인이자 '조상신연구가'가 될 것이다.

56 내림을 받아야 되는 신기가 있는 사람은?

무당이나 성직자 등 현재의 삶뿐만이 아니라 죽음과 영혼의 세계를 말하고 신의 말을 전달하는 일을 하는 사람들은 누가 해야 되나? 일상생활이 불가능한 거부할 수 없는 신기나 무병, 집안 내력상의 신가물, 대대로 종교적인 강한 신성이 있는 사람들 중 신에게 선택된 사람만이 신의 일을 해야 된다고 본다.

정신착란도 아니면서 가만히 있어도 움직여도 남의 미래가 훤히 보이고, 꿈의 예지력이 일반인보다는 몇 배나 더 잘 맞고, 특정한 질병이나 병명도 없이 시름시름 앓게 되고 등등. 일단은 정상적인 생활이 불가능한 신의 제자들이 있다. 그러한 사람 중에 인간 군상에 대한 애정이나 긍휼함이 있는 덕 있는 사람이 신의 일을 하는 반열에 끼어야 한다고 본다.

단지 문득하는 헛소리가 잘 맞고, 술을 먹으면 남의 미래가 잘 보이고, 그냥 자신의 느낌으로 남의 대소사를 말해 주는 것만으로 신의 일을 한다는 것은 너무나 위험한 발상이다.

또한 매사가 너무 안 풀리고 망하고 해서 얼떨결에 신만 받으면 매사가 잘 풀릴 거라는 착각 속에 내림을 받는 사람들도 있다. 이 경우는 더욱 어이없는 경우다. 아니 먹고살기가 너무나 팍팍하고 할 일이 없어서 내림이나 받으면 아무 신이라도 붙어서 나를 편안히 잘 먹고 잘 살게 만들어 줄 거라는 생각은 어느 때부터 유행하기 시작했을까? 같은 내용으로 내림을 받아 점사라는 것을 보는 선무당들이 그런 말들을 하기 시작했을까? 남의 인생을 망치기로 작정을 한 사람들이라고 볼 수밖에 없다.

내림의 기본은 신의 일을 안 할 수 없는 상황이 닥쳐 피치 못할 때 선택해야 된다. 더구나 소위 내림만 받으면 남의 미래가 훤히 보여서 돈도 잘 벌고 밥 먹고 사는 데 지장이 없을 거라는 착각으로 신의 세계에 발을 들여놓는 젊은이들에게 심히 걱정스럽다는 말을 해 주고 싶다.

57 내림을 받은 사람에게 신이 안 내린 경우는?

신의 세계를 알고 신의 일을 하고자 하는 사람에게 무속에서는 내림굿이라고 하는 청신(請神)의 과정을 거친다.

나름대로 어렵고 힘든 결정을 해 신기가 왕하다는 판단을 받아 내림굿을 받았는데 실제로는 별 감각도 없고 신이 왔는지 안 왔는지 가물가물한 경우가 대부분이다. 신이 왔다는 것은 신의 음성이 들리거나, 모습이 보이거나, 마구 떨리거나, 울거나 웃거나 여러 이상 상태를 보이면서 접신의 세계로 접어드는 것을 말한다.

내림굿을 받는 본인이 아니라 내림굿을 해 주는 스승이나 신엄마가 장군이 오고 할아버지가 오고 몇몇 신들이 왔다고 말해 주더라도, 본인이 느끼지 못하거나 본인 눈이나 심상에 와 닿지 않으면 어떤 식의 신이 왔는지를 인지할 수가 있겠는가? 물론 경험이 많은 무당이면 어떤 신이 줄줄이 많게는 9명부터 3명 정도까지의 신이 온 것을 안다. 하지만 기존 무당이 신이 왔다고 알려준다고 내림받는 당사자에게 신이 직접 내려 무언가 말을 해 주거나 가르쳐 주는 것은 알 수가 없다.

따라서 비싼 돈을 들여 내림을 받았어도 방황을 하게 되고 "이게 뭐야, 이게 내림굿이란 말인가?" 하는 허망함이 든다. 당장 내일부터 법당을 차려 손님을 볼 수가 있을까? 양심이 있다면 불가능하다는 것을 이내 깨우친다.

아무리 신이 코앞에 와서 신기가 주체할 수 없다는 판단 아래 내림을 받더라도 신의 세계에 입문하는 과정의 시작일 뿐, 남의 앞날이 훤히 보이거나 세상살이가 보이는 것은 절대 아니다. 그러다 보면 또 다른 스승을 찾아 내림굿을 받는 행위가 되풀이되기도 하고, 또 역시 아니라는 것을 깨우치고, 돈은 돈 대로 나가고 빚은 더 늘게 되는 악순환이 되풀이되기도 한다.

예화

어느 무당집을 가도 신기가 왕하여 "당신은 우리와 같은 밥을 먹고 살 사람이라오." 하는 말을 들은 정씨 총각은 법사 밑에 가서 여러 달을 수련하였다. 빚을 내 내림을 받게 되었는데 평소에 '신이 온다'는 것이 무엇인지 모르는 정씨는 본인의 변별력이 없었다.

신이 오면 우선은 전기가 오는 듯이 부르르 떨리며 말문이 터진다고 하는데, 아무런 사전 지식도 없이 내림만 받으면 모든 세상이 밝게 보이고 새로운 내가 탄생하는 줄 알고 일을 했으니 실망이 이만저만이 아니었다.

의외로 신기 있는 많은 일반인들이 내림굿을 하면 갑자기 앞에 있는 사람의 운명이 환히 보이고 다른 세상이 되는 줄 착각을 한다. 신을 내려 준 신어머니 폭의 법사도 별 도움을 못 주고 이제는 돈도 다 날리고 무엇을 해서 어떻게 먹고 살아야 되나 고민에 휩싸여 나를 찾아온다.

이런 경우가 제일 가슴이 아프다. 어떻게 금방 신의 세계가 나타나 자신이 신이 덮어씌운 다른 사람으로 단박에 바뀐다는 생각을 하게 됐을까?

내림을 받아서 말문이 터지고, 그 나오는 공수가 맞는 사람은 내림받는 사람들 중 20%도 채 안 된다. 나머지는 맨송맨송하고 무슨 말을 하는지 횡설수설하고, 신이 안 와 술을 많이 먹인 경우도 비몽사몽이지 술 깨면 말짱 황이다.

내림을 받고 신이 왔다 갔는지조차 허무한 사람들은 잘 추슬러라. 밥을 먹고 살 방편을 마련하면서 공부를 하는 수밖에 없다. 그 신명(神明)의 공부는 십 년이 더 걸릴 수도 있고 평생을 반풍수로 살 수도 있다.

이미 팔자가 세어진 것을 어쩌겠는가? 당신의 선택인 것을.

58 내림굿만 받으면 남의 인생이 훤히 보이는가?

내림굿만 받으면 신기가 정리 정돈되고 남의 인생이 훤히 보이는가?

사실 신내림을 받는 행위는 신의 일, 즉 점사를 봐서 타인의 삶의 앞날을 예견해 주고 어떻게 사는 것이 가장 올바르고 현명하게 잘 살 수가 있는가를 알려주는 예언자의 역할을 해 주는 것의 첫 단추이다.

갓 신을 받아서 너무나 새록하다는 어디 다리 밑의 처녀보살은 어디들 갔으며, 동자신이 왕해서 모르는 것이 없다는 어린 동자신이 얹힌 총각도사들은 어디 갔을까? 사진만 보면 당선 여부를 알아맞힌다는 도사부터 주식을 무엇 무엇을 사면 족집게처럼 오르는 것을 짚어낸다는 점쟁이까지 왜 지속적으로 유명세를 타며 끊임없이 사람들 입에 회자되는 무당들은 없는 걸까?

21세기는 기계문명이 앞을 서고 컴퓨터 점사나 외국 타로점이나 점성술, 하다못해 별별 점사들로 세분화되고 전문화되었다. 귀신을 뗀다는 퇴마사까지도 여러 가지 이벤트로 다양한 미래를 예측하는 세상이 되었다.

이미 내림굿을 받아 빼도 박도 못하는 신세가 된 애동이들은 무조건 신어머니를 쫓아다니면서라도 배울 부분은 끝까지 배우고 아닌 부분은 빨리 포기를 하고 스스로가 신의 소리를 듣는 공부를 해야 된다.

신명(神明)이란 그렇게 쉽게 빨리 찾아오지 않는다. 끊임없는 자기 고민과 반성과 고뇌 없이는 찾아오지도 않고 찾아지지도 않는다. 영민한 대무당이 되는 것도 그 무당의 심상이나 자질에서 오는 것이지 자기 밥그릇이 종지만한데 항아리 같이 될 수는 없는 것이다.

오히려 무당노릇을 오래해 타성에 젖으면 화려한 한국 무용의 춤사위에 달달 외운 무가와 늘어진 테이프에서 나오는 헛공수들로 위장하는 눈치만 빠른 무당의 모습으로 전락하기 십상이다.

수많은 시행착오와 눈물과 회한이 신의 길 앞에 놓여있음을 깨우치며 공덕을 쌓아가다 보면 반드시 맑은 신의 소리가 들릴 것이다.

예화 1

방이동의 유 보살은 내림굿도 받고 신령님도 들락날락하고 남이 봐도 신령님이 있는 것은 분명해 보였다. 월초에 가서 봤을 때는 잘 맞춰서 월말에 신기가 센 동생을 데리고 가니까 아예 엉망진창 맞는 말이 하나도 없이 공수가 나오니 이게 어쩐 일이냐고 내게 문의하였다. 데려간 동생의 신이 더 높아 기에 눌려 입에서는 무가가 나와도 신이 낮아 점괘가 틀리는 경우이다.

천호동의 최 무당은 법당이 으리으리하고 언변도 좋아 늘 사람들이 꼬이기도 했는데 할머니를 보면 "아이구, 다리가 아프구나!" 하고, 비쩍 마른 사람을 보면 "아이구, 속이 안 좋아!" 하고 눈치로 때려잡으니 헛공수가 될 수밖에 없었다. 그 무당한테 내림을 받은 이가 있으니 신이 제대로 올 리가 있나. 눈치로 때려잡는 반풍수가 될 수밖에 없었다.

예화 2

영동의 홍 선녀보살은 옷차림이 날개옷으로 가희 술집동네 무당다웠다. 심심한 동생아이가 구경 가니 들어가서 채 10분이 안 되었는데 견적이 327만 원이 나왔다. 신을 불러 가리를 해 주면 대박이라고 누가 가도 모두 신사 견적이 나온다고 웃었다. 하루에 5명 모두에게 얼마라고 말을 하면 그 중 한 명만 걸려도 된다는 소리인가? 효력이 있든 없든 말이다. 신사할 형편이 안 돼 보이면 미리 잔뜩 구입해 놓은 부적을 애정에 효험이 있다 하여 꼬였다.

부적(符籍)도 무당 자신이 직접 경면주사로 써서 간단한 음식과 술이라도 올리며 그 제가집의 조상신에게 복록을 구할 때 가장 효험이 있다는 것을 말해 주고 싶다.

남의 삶에 대해 이러쿵저러쿵 말을 해 주는 것은 입에서 공수만 나온다고 다가 아니다. 적중률도 있어야 하고 신의 영(靈)이 맑아서 제살(除殺)이나 복록에 대한 이끌음이 있어야 된다.

끊임없이 신과 소통하려는 영민함이 없으면 어쩌다 한 건 걸려 무슨 풀이라도 해 주면 뭐하나? 아예 효력이 없어 망신을 당하는 경우도 있으니 어찌 신의 밥을 먹고사는 것이 쉬운 일이란 말인가?

59 신기와 무병을 거부했을 때 대물림은 있는가?

　무업(巫業)을 하는 사람들이 가장 겁을 내는 것 중에 하나가 이 부분이다. 신기나 무병이 있어 무당집을 찾으면 바로 할머니나 고모 등 신을 받아야 될 사람이 안 받고 세월이 가서 이런 풍파도 겪으며 무병도 오는 것이라고 말을 한다. 또한 본인이 안 받으면 결국엔 자식 대에 가서 무병이 오거나 신내림을 받는 사람이 나오게 된다고도 한다.

　하지만 이 말은 꼭 그렇지가 않다. 콩 심은 데 콩 나고 팥 심은 데 팥 난다고, 내가 굿을 좋아하고 토속신앙을 좋아해서 어려서부터 날마다 점집을 데리고 다닌 자손은 커서도 점이나 무속 등을 좋아하는 경우가 많다.

　초파일마다 칠석마다 절에 가서 연등을 달거나 만들던 아이들은 부모님의 요청에 의해 삭발의 체험을 하기도 한다. 예수님을 믿는 엄마가 늘 아이들을 주일학교나 기도회 같은 데 참석시키고 수요일, 금요일마다 아이를 데리고 신방을 다닌 자손은 커서도 주일학교 교사를 하거나 예수님에 심취하게 된다. 모태신앙이란 말까지 있다.

맨 처음 신의 세계에 어떠한 식으로 접근하게 되어서 지속적인 관계가 유지됐나 하는 점이 중요하다. 물론 커서 우연히 자신이 종교를 선택하건 혼인과 함께 상대방의 종교를 믿게 되거나 하는 경우도 많지만 여기서는 보편적이고 흔한 것만 말한다.

유독 신기나 무병이란 이름을 붙여 대물림을 말하는 사람에게는 대물림의 확률 또한 극히 극소수에 지나지 않는다는 말을 하고 싶다.

인간은 누구나 독특하고 남과 다르고 싶고 예지력도 출중하고 신비로운 존재이고 싶어 한다. 하지만 이것이 신의 밥을 먹고사는 운명이나 직업이 될 때는 보다 신중하고 철저한 검증이 필요하다.

똑같은 말이다. 선택은 자신이 하는 것이다. 함부로 결정하고 자신을 신의 세계 쪽으로 우월하게 생각하거나 대물림이 무서워 내림을 결정한다면 개나 소나 말이나 다 무당힌디는 말을 듣기 십상이다.

60 신기나 무병은 눌름굿으로 눌러지나?

처음부터 이상증세가 있는 정신질환자가 아니고 일반인이 갑자기 정신이 오락가락하거나 오랫동안 이상증상이 있거나 헛소리를 하는데 미래나 남의 일을 족집게같이 잘 맞추거나 시름시름 병명도 없이 앓거나 하면 무병(巫病)으로 보고 여러 방법을 강구하게 된다.

무속을 잘 아는 집안은 무당에게 데려 갈 것이며, 기독교 집안이라면 귀신을 떼는 안수기도를 한다며 기도원엘 데리고 가기도 할 것이다. 무병을 귀신의 장난으로 보는 시각은 다 틀리다.

하지만 무병이란 강력한 조상신이나 신령님의 내림이 더 맞는 표현이다. 무슨 연유로 와서 어떤 일을 원하시는가, 어떻게 하기를 원하시는가 답이 있을 것이다. 단지 원하는 부분을 풀어만 주면 정상이 될 것인지, 아니면 끝도 없이 못살게 굴려고 하는 건지, 절대로 신의 길을 가지 않으면 안 된다는 확증이 없으면 일단은 신들에 대한 눌름, 안심좌정이나 대우, 예우를 해 줌으로써 일상적인 생활로 돌아가는 길을 택함이 우선이다.

신의 세계는 잠잠하거나 편안하게 해 드리는 것이 가장 좋다. 까발리거나 뒤집어엎는 것은 분란과 풍파만 더 심하게 하는 길이다.

무섭고 힘들고 어렵고 우환과 질고가 침입을 하는 것 같아도 참을 데까지는 참고 이겨내라는 말을 하고 싶다. 무병이 아니어도 일반인들도 세상살이가 만만치 않고 죽을 만치 힘들고 어렵기도 하다. 마치 무병 걸린 나만 힘들고 어려운 일을 당하고 있다는 생각도 개인적인 착각이다.

삶은 고해라고 했다. 다 힘들다. 무병이라고 느껴지는 병도 마음먹기에 따라서는 그냥 마음의 병일 수도 있다.

극소수를 제외한 나머지는 자애심에 의한 꾀병을 부풀리는 정도밖에 안 된다. 험한 신의 길을 가기에는 세상살이가 더 쉽다.

 61 신의 일을 하는 사람들은 남이 먹여살리나?

　신의 밥을 먹고사는 데는 여러 부류의 사람들이 있다. 스님, 목사님, 무당, 법사, 도사, 보살, 점쟁이, 사이비 종교인 등등. 인류가 시작된 이래로 동서고금을 막론하고 예지력이나 신비한 체험을 기초로 신의 세계 남의 인생에 대해서 이러저러 말을 하고 그 대가를 받고 사는 사람들은 수없이 많다.

　방법의 차이일 뿐 신이나 남의 인생이나 죽음의 문제에 대한 어떤 역할을 하고 먹고산다고 하는 것은 다 똑같다. 고상하냐 천하냐, 넓은 예배당이 있냐, 큰 절이 있냐, 암자가 있냐, 작은 신당이라도 있냐, 아니면 하다못해 길거리 땅에 돗자리라도 깔고 몇 천 원의 돈을 받아 연명을 하냐 등등 여러 방법으로 밥을 먹고산다.

　이렇게 일반인에게서 받은 돈에 욕심이 있냐 없냐는 별개의 문제다. 다 그 돈으로 밥은 먹어야 산다. 사실 성직자가 욕심이 털끝만큼도 없어 모든 돈을 가난하거나 불쌍한 사람을 위해서 쓴다고 해도 그 돈은 내 돈이 아니고 나를 거쳐 가는 남의 돈일 뿐이다. 나는 이미 남의 돈으로 목숨을 연명하는 사람이다. 내가 욕심이 있거나 없거나 하는 것도 다 개인 심상의 차이일 뿐 모두 남의 주머니에서 나온 돈이다.

신의 일 외에 아무것도 할 수 없거나 안 하는 사람은 일반인에게 고마워해야 하고 더 많은 보시나 사회활동에 힘을 써야 될 것이다. 상계신의 이름으로 우쭐해하거나 남을 깔보는 성직자는 그 신이 높으심으로 인해 더 많은 단죄를 당할 것이다. 하계신의 이름으로 밥을 먹지만 욕심이 지나친 신제자들은 우환이나 변고에도 경계를 게을리하지 마라. 다 각자 모시는 신들께서 공정히 보고 판단하실 것이다.

신줄기가 다른데 아무 신줄을 잡아도 되나?

　신의 일을 하려면 우선은 어떤 신의 일을 어떻게 해야 하는지 고민이 시작된다.

　무병을 앓거나 해서 무속의 길을 할 수 없이 선택하게 된 경우에는 무당이 될 것이며, 대대로 스님 줄기인데 출가를 하고 싶으면 스님이 되면 될 것이며, 아버지가 목사님인데 어찌어찌하여 나도 목사가 되는 경우도 있다. 일단 선택의 문제가 그냥 저절로 되는 경우에는 별 문제가 없을 수도 있다.

　하지만 세상살이가 하도 힘들어 이리저리 신의 줄기를 찾다가 교회도 다녀보고, 기도원에 가보기도 하고, 절에도 가보기도 하고, 무당이나 점쟁이도 수없이 만나러 다니다가, 당신은 신의 밥을 먹을 거라는 예언을 들은 사람이 헷갈려서 뭘 어떻게 해야 되는지도 모르고 우왕좌왕 이 신 저 신을 믿어볼 때엔, 어떤 신이 어떤 식으로 나를 보살펴 도와줄 것인가?

목표가 돈이 되어서는 안 된다. 먹고사는 방편이 되어서는 안 된다. 신의 일은 신의 일일 뿐이다. 내가 정말 세상 사람들의 고민이나 문제점을 풀어주다가 그 덕에 밥이라도 먹고살면 고마워해야지 목적이 돈이나 부귀영화가 되는 순간 신의 길은 험난해질 것이다.

신의 줄기는 선명하게 잡혀지는 신줄기를 잡아야 된다. 내가 정녕 도의 줄기면 도의 줄을 잡을 것이며, 내가 정녕 스님 줄기면 절 공부를 할 것이며, 성직자 줄기면 성직자의 공부를 하기를 바란다. 근본도 뿌리도 없는 헛공부는 시간 낭비일 뿐이다.

때를 기다리고 오랫동안 덕을 쌓고 공부를 하라. 세월이 가면 그러한 당신이 진정한 삶의 위로나 예언의 동반자로 수많은 사람들의 입에서 칭송을 듣게 될 것이다.

예화

신촌에서 술집을 하던 최씨가 매매 때문에 나를 찾아왔다. 하던 술집도 접고 부친 명의의 오래된 집을 팔아야 나중에 배다른 형제간의 재산 다툼이 없을 거라 해서 매매부적을 써서 줄 터이니 액자 뒤로 던져 놓으라고 하였다.

자신은 집안이 기독교 집안이고 모태신앙 운운하였다. 아직은 젊은 나이인데도 악운만 10년 세월이 오니 큰 신께라도 의탁해 선교사업을 하며 명을 이어가면 보람이 있을 거라고 말해 준 사람이 느닷없이 할배신이 들어왔다고 해 갑자기 영민해진 듯 내림을 받고 신의 길에 입문을 하였다.

결정도 순간이고 신의 일에 깊이가 없으니 이제부터 열심히 쫓아다니고 배워 신의 일을 한다고 하여도 심상이 문제가 있고 박쥐처럼 눈치로 때려 잡다보면 그 공수가 맞는 공수냐 틀린 공수냐를 가름할 수가 없다.

이왕이면 고생이 되더라도 진실로 자기 길을 찾아가지 않은 것이 영 마음이 안되었다. 물론 할배신도 좋겠지만 나의 신기로 볼 때 승산이 없다. 왜냐하면 그 사람의 할배신이 너무 낮기 때문이다.

무늬만 신명(神明)을 알려고 하는 사람에게는 신명이 보이지 않는다는 것을 오랜 나의 경험으로 알 수가 있다.

63 현대의 무속 줄기에는 어떤 것이 있나?

　무당이란 사제나 제사장의 의미로 우리나라에서는 국조 단군(檀君)을 시조로 한다. 태양이나 땅, 물, 조상 등 하늘을 공경하고 조상을 받드는 사상을 근간으로 하여 구전으로 내려오거나 도가에서 변형된 경문인 무경정도가 무속의 경전으로 하여 현대에도 생생히 살아있는 굿의 현장을 볼 수가 있다.

　전통무속에서 무당은 강신무, 세습무, 독경무 등의 형태를 띠고 있다.

　강신무는 주로 한강 이북에서 무병을 앓거나 해서 신선생으로부터 내림을 받고 접신을 인정받고 말문이 터져 신제자가 되는 무당을 일컫는다. 선거리 등 각종 거리를 노래와 춤, 사설로 엮어 장군이나 천왕, 대신, 군웅, 대감, 창부 등의 신장 줄이 들어와 공수도 주고 풀이도 한다. 신복이 화려하다.

세습무는 남부지방이나 제주도에서 대를 이어 무당이 되는 형태를 말한다. 무당을 당골네라고도 하고 제주도에서는 신방, 심방이라고도 부른다.

독경무는 조선 초기에 판수라고 해서 주로 안택이나 치병을 위주로 천신이나 지신을 불러 점사나 독경을 위주로 하던 앉은거리 형태이다. 보살이나 법사, 경사란 호칭을 쓰며 선생이 무병기가 있는 사람을 가리를 잡아준 후에 사제지간이 되거나 해서 경문과 기예를 전수하여 주었다. 신복이 없다.

현대로 와서 1970년대 이후부터 새로이 각광을 받는 제3의 무속의 형태로 '도(道)' 줄이 있다. 도줄은 도사줄이라 하여 내림을 받은 후에도 학술과 신명을 공부하고 역학, 부적, 기공, 침술, 풍수, 지압 등을 익히고 신명을 모시면 도줄의 제자가 되어 자연 무불통신의 새로운 신의 세계를 열어가는 신제자이다. 글문도사, 천문지리도사, 약명도사 등의 관줄기가 세고 총명해 현대인의 복잡다단한 삶을 풀이해 주는 데 더 우세한 위치를 차지하고 있다.

어떤 신명의 줄기를 갖고 신의 일을 하든 그것은 신탁이다. 거역할 수 없는 길이라면 이왕이면 잘하라고 말해 주고 싶다. 선택을 했으면 끝까지 최선을 다해 맑은 영으로 다가가면 반드시 신령님들의 큰 가호가 함께 할 것이다.

예화

인간문화재인 무당에게서 내림을 받았으니 나도 '무당'이라 불려야 했다. 하지만 사십 평생 거의 처음 보는 신당(神堂)의 낯설음, 굿판의 생소함. 나는 누구한테 들은 적도 본 적도 없는 신의 세계가 너무 낯설어 굿판에 가면 맘도 겉돌고 몸도 겉돌았다. 신제자들과도 어울리지 못하고 늘 골난 사람 같고 화가 난 표정이니 건방져 보이기도 하고 어려워 말을 잘 못 붙였다.

어느 날 어머니께 여쭈어 보았다. 저는 왜 굿판에만 가면 심통난 사람 같으냐고. 누워계시다가 끙 하고 일어나 앉으시며 "불(佛)이 세서 그런다. 불이 세서 그래!" 하시며 "에구, 대신할머니, 대신할머니 하며 빌어줘야지." 하셨다. 대신할머니를 부르면 신명도 나고 굿도 하고 싶어진다고 하셨다.

지금도 나는 신의 일을 하고 신을 부르고 하여도 들뛰고 내뛰는 것보다는 법사들 축원처럼 꽹과리 소리에 등장하는 수많은 신들의 신명을 듣고 전달하고 대화하는 것이 더 즐겁다. 몇 시간을 서서 말을 해도 질리지 않는 맑고 예민한 신의 세계가 있다. 한동안 거의 십 년간은 약사여래신을 부리며 공짜 수지침술을 하고 기 치료를 하였다. 내가 돈도 안 받고 사람들 아픈 곳을 고쳐주었다고 자랑하자 "그게 어떻게 너의 힘이냐? 약사여래님의 높으신 공덕이지." 하며 혼난 적도 있다.

내림은 강신무 줄기였지만 나의 신줄기는 '도줄'인 것 같다. 글문도사, 천문지리도사의 관줄기가 세고, 약사여래의 힘으로 치병도 할 수가 있었고, 터신의 모습을 보며 풍수를 알고, 기공 지압은 물론 부적 또한 많은 외국인들에게도 써주고 효험도 있다는 소리도 듣는다.

이게 지금에 와서 내 자랑인가? 하지만 나는 이미 나이 50줄이 넘어가고 신의 세계와 인간의 운명이 궁금해 이것저것 집적대던 수십 년의 세월이 흘러갔다.

인생 후반의 나는 수많은 젊은이들에게 공개적으로 강의를 하고 싶다. 신의 세계에 대해서 내가 아는 한도 내에서 거짓 없이 말해주고 싶다. 적어도 예지력 있고 천재성이 엿보이는 일반인이 무당의 길로 들어서는 것을 막는 '안티무당'의 대열에도 앞장설 것이다. 무지해서 생기는 신, 조상신, 귀신의 세계에 대한 편견을 바로잡아주고, 또한 신의 일을 하는 여러 사제들에 대한 왜곡된 시선도 바로잡아주고 싶다.

현실의 나는 아직도 내 운명조차 헷갈려 시행착오를 하는 인간일 뿐이지만, 신의 도(道)는 죽을 때까지도 찾아가야 되는 힘든 나의 화두이다.

64 신의 제자가 되면 해야 하는 일은?

일단 내림굿을 받은 무당이면 신의 밥을 먹기로 작정을 한 사람이다. 신의 밥을 먹는다는 것은 남의 점사를 봐주면서 밥을 먹고산다는 것을 의미한다. 몸도 마음도 행동도 일단은 정갈해야 된다.

새벽 3시에서 5시쯤 인시가 되면 잠깐 눈이 떠지는 때가 있다. 평생을 기도해 오시던 우리 어머님의 모습이 보이는 때가 많아 "아! 나를 위해 기도를 하고 계시는구나!" 하는 생각이 든다. 많은 제가집들을 위해 기도하던 중 제자들의 이름도 불려질 것이다. 한결같은 모습이란 쉬운 게 아니다.

새벽녘이면 맑고 차디찬 옥수를 먼저 갈고, 촛불을 켜고 향을 피우고, 쌀이 오래 됐으면 새 쌀로 바꿔주고, 제기그릇은 늘 반짝이게 닦아 놓고, 법당 위 조화에 먼지가 찌들었으면 버리고, 신복이 더러우면 세탁을 하고, 무구가 지저분하면 다시 정비하고, 손님들이 올려놓은 사탕이나 과자가 오래 됐으면 치우고, 끝난 부적은 소각시키고 등등. 기본적으로 신을 모시는 태도조차 모르는 채 손님을 상대로 돈을 벌어먹으려 하면 어떤 신들이 있어 도와줄 것인가?

  신들은 넓고 호사스런 법당을 좋아하시는 게 아니다. 오히려 불상이나 신령님들의 상호가 커서 화려한 법당은 혹세무민의 속임수이기 십상이다. 신령님들은 작아도 정갈하고 편안한 곳을 원하신다.

  점을 볼 수 있는 기본은 남의 인생사에 감 놔라 대추 놔라 하는 식의 간섭이 들어가는 것이다. 그 간섭은 그 사람의 과거는 물론이고 현재, 미래에 대한 조언과 충고를 해 주게 된다. 내림을 받은 무당은 눈에 안 보이는 신령의 세계에서 말씀하시는 신의 말을 전달하는 것을 근간으로 풀어주는 것을 할 줄 알아야 한다.

  사실 예전에는 해떨어지면 신기가 떨어져 남의 운을 못 봐주는 무당이 많았고, 모르는 부분이나 자신보다 센 사람의 점사는 아예 봐 주지 않는 무당이 더 많았다. 그만큼 무당의 세계가 더 맑았다고 할까?

  어떤 식으로든 조상과 후손들이 원하는 풀이를 해 줄 것인가는 중요한 문제이다.

65 신의 길을 올바르게 가는 방법은?

내림을 받아 신의 제자가 되었으면 그 순간부터 신의 일이 시작일 뿐이고 끝없는 두려움의 세계로 발을 들여놓았다는 것을 적어도 성정이 맑은 사람이면 다 안다.

사람들은 궁금한 것이 너무 많다. 모든 부분이 선택과 O·X게임의 연속이다. 직장을 옮길 것인가 말 건가, 돈은 언제 벌고, 혼인은 언제 누구랑 할 것인가, 집은 팔 것인가 말 것인가, 봄은 왜 이렇게 아픈가, 꿈에 자꾸 보이는 부모님은 잘 천도가 되신 건가, 내 남편은 애인이 있는가 등등 수만 가지의 질문이 머리를 어지럽힌다.

아는 것은 아무것도 없는데 그냥 느낌대로 말을 해도 되는지, 물어보는 내용은 어쩌면 저렇게 복잡하고 모르는 것만 물어보는지, 왜 신령님들은 자세하고 확실하게 운을 말씀해 주시지 않는지, 도대체 나는 왜 아무것도 느낌 외에는 속 후련한 답을 해 줄 수가 없는지,

내가 내 입을 빌어 말하는 이 내용이 진짜로 맞는 것인지, 아니면 단지 그냥 느낌일 뿐 미래의 예측이나 다가올 앞일에 대한 막연한 추측인지 등등.

이미 신의 세계에서의 신제자의 위치는 내 일도 한 치 앞을 모르는데 남의 일에 대해 이러쿵저러쿵 말을 해야 되는 것에 대한 불확신 때문에 진정으로 성정이 맑고 착한 신제자는 너무나 많은 고민 속으로 들어가게 된다.

신의 길은 내 운명보다는 남의 운명에 대한 정확한 예측과 풀이가 우선되는 삶의 중요한 역할을 담당하는 길이다. 신의 길도 신의 도에 대한 공부가 필요하다. 어떤 공부를 어떻게 해야 되느냐에 대해서는 왕도가 없다. 좋은 스승의 가르침, 어디서 왔는지도 모르고 이 땅을 힘겹게 살다 가는 인간 삶에 대한 애정 없이는 신의 바른 가르침도 있을 수 없다. 우선은 인간 삶을 긍휼히 여기고 인간을 사랑하는 마음이 우선할 때 신들도 도와주시고 미래의 혜안을 갖게 하실 것이라고 믿는다.

66 신의 길을 가는 사람은 공인인가?

공인이란 적어도 남과 나의 삶에 있어서 지대한 영향을 끼치고 어떠한 경우에도 남의 삶에 조금이라도 역할을 담당하는 사람, 그 사람의 운명에 관여하게 되는 사람을 말한다. 혹자는 나는 아무런 짓도 안 했는데 왜 내가 공인이냐고 반문하는 경우도 있다. 공무원이 공인이라도 생각하는 사람도 있다. 예를 들면 어떤 연예인이 자살을 해 수많은 젊은이들이 애도하다 못해 그 연예인을 따라 죽으면 그 또한 사회통념상 남의 인생에 막대한 영향을 끼치게 되므로 어찌 되었든 공적인 사람이 되는 것이다.

무속에 종사하는 신제자들은 목사님이나 스님들처럼 공적인 책임감이나 소속감이 덜하다. 교단이나 절의 종단에 속해 있지도 않고 단지 개인 무속인의 단체에 속해 있거나 인간문화재나 풍어제 계통의 집단에 속해 있거나 능력이나 예지력 있는 사람을 추종하는 사이비 종교집단의 교주 밑에 있거나 등등이다.

조상신은 수만 가지이다. 또 상계에서부터 하계까지의 여러 잡신들도 수없이 많다. 어떻게 한 가지 구심점이 있어 뭉칠 수가 있겠는가? 각자 자신이 모시는 신만 최고이고 자신의 신만이 모든 걸 풀어줄 수가 있는 영검함이 있다고 믿는다.

무속인이나 신의 일을 하는 사람은 공인이다. 내 인생이 아니라 적어도 남의 인생에 대해 감 나와라 콩 나와라 하는 지시나 의견을 제시만 해도 책임감을 느껴야 되는 공인이다. 하물며 신기가 왕해 보인다 하여 한 청춘을 내림굿이라는 행위로 인도하는 신선생들은 완벽한 책임감을 보여야 한다. 내림굿만 해 주고 나몰라라 하고 돈만 챙기는 내림 스승들은 큰 반성을 해야 될 것이다.

신제자들이 진정한 공인이 되기 위해서는 끊임없는 자기연마와 삶의 외경심, 인간을 긍휼히 여기는 마음, 하늘이 무섭다는 두려움 등등. 적어도 자기반성과 선(善)을 향한 마음을 늘 열어두어야 할 것이다.

67 신의 길을 가는 사람이 해야 될 일은?

 이왕에 신의 밥을 먹고 신의 길에 들어선 사람은 수많은 사람들의 운명에 대한 책임을 지는 말을 해야 된다. 어떻게 살아가야 될 것인가? 수많은 결정과 선택의 순간에 개입을 하게 된다. 부부, 자손, 사업, 부모 문제, 질병이나 취업, 재물의 이동, 재판이나 송사의 진행, 남녀간의 애정 문제 등등. 세상살이에서 일어나는 문제점들이 한두 가지인가?
 목사님들은 모든 것은 하나님의 뜻에 맡기라고 하고, 스님들은 부처님의 자비심에 맡기라고 하면서 포괄적인 부분만 말해준다. 하지만 어디 세상살이가 그렇게 자비와 용서만으로 되든가? 끊임없는 구체적인 해결책이 없으면 터질 것 같은 마음에 밤잠을 설치는 것이 인간이다. 인간은 성인도 아니고 종교인도 아니고 단지 그냥 잘 먹고 잘 살기만을 바라는 마음을 가지고 이 땅을 살아가는 평범한 사람들이다.

　이러한 사람들을 상대로 밥을 먹거나 돈을 벌어먹는 신의 제자들이 꼭 해야 될 일은 거짓말을 하지 말라는 것이다. 적어도 자신이 모시는 할아버지나 하계나 상계의 신들의 목소리를 들으며 돈이나 사행적 목적 때문에 야합하지 말라고 말해 주고 싶다.

　하고 싶지 않은 일은 하지 말고, 내키지 않은 인연은 상대하지 말고, 단지 돈 때문에 아니라는 공수가 나오는 일을 하지는 마라. 적어도 참무당이나 참공인이 되기 위해서는 일관성이 있어야 된다. 아무거나 주워 먹다가는 없힌다. 점사를 잘 보고 못 보고의 문제가 아니라 이것은 양심의 문제가 된다. 신의 일을 하는 사람이 심상만 올바르면 남의 조상신들이라도 왜 안 돌봐주겠는가?

　신들은 신제자들에게 풍요로운 삶을 단박에 주시지는 않는다. 그렇다 하더라도 정도를 벗어나 욕심을 부리면 오히려 큰 화가 되어 돌아온다. 항상 일관되고 정갈한 마음의 소리에 귀를 기울이고 신의 두려움을 알기 바란다.

　세월과 때를 기다리면 어느새 신이 안심좌정해 나와 신이 동일시 되는 듯한 편안함이 몰려온다. 그것이 복으로 가는 길이다.

68 현생과 후생을 연결하는 신제자의 역할은?

평범한 일반인의 삶이 아니라 적어도 신의 세계의 일을 하는 사람은 남과는 다른 독특한 삶을 살아야 하는 운명을 타고난 사람들이다.

삶이 살아생전의 복록과 행복을 추구하는 데 초점을 맞춘다면, 죽음이란 또 다른 세계에 대한 부분도 언급을 안 할 수는 없다. 어차피 어디서 와서 어디로 가는지 모르는 인생이지만 대상물, 즉 내 부모라는 배를 빌려 이 세상에 태어났고 어딘지 모르는 곳으로 떠난다는 것은 사실이다. 이게 우리가 아는 삶과 죽음의 실체이다.

삶과 죽음이란 곳의 경계에 대해 인간이 느끼는 공포는 가히 상상 이상이다. 왜냐하면 경험하지 못한 것 중에 가장 강력한 미지의 세계이기 때문이다.

신의 일을 하는 사람들은 알 수는 없어도 말을 해 주어야 한다.

자신들의 신이 알려준 신탁의 세계를. 천국을 말하는 성직자는 천국의 안락과 편안함을 어떤 경우든 이해시킬 것이며, 윤회를 믿는 불도인들은 그 윤회의 당위성에 대해 구체적으로 말해 줄 것이다.

무속의 사후세계는 알 수가 없다고 한다. 하지만 현대의 무속은 사후세계나 윤회를 믿는 쪽으로 많이 변모되었다. 불교가 들어온 지도 수많은 세월이 흘렀고 적당히 불교의 윤회설의 영향이 밴 탓일 것이다.

조상신을 믿는 신의 제자들은 내가 이 땅에 두고 가는 내 자손에 초점을 맞추기를 바란다. 내가 살아생전 한 푼이라도 더 벌어 자손에게 남겨주고 가고, 죽기 전에 여력이 되면 남에게 조금이라도 선행을 하고 가면, 보람 있는 삶이었고 복도 더 받을 거라는 희망의 메시지를 주기 바란다.

내가 이 땅을 떠나더라도 내 자손이 나를 기억해 줄 것이며 내 자손이 나를 위해 제사라도 지내고 물이라도 떠 놔줘서 쓸쓸함이 덜 할 것이라는 죽어도 죽지 않고 살아있을 거라는 영생의 마음을 심어준다고 해서 무엇이 나쁘겠는가? 행복은 다른 곳에 있지 않고 항상 가까운 곳에 있다.

69 복(福) 짓는 신의 길은?

복(福)은 편안하고 만족한 상태 또는 그에 따르는 기쁨을 말한다.

지금까지 신과 조상신, 귀신의 얘기를 쓰고 신의 길을 가는 사람들에 대한 얘기를 하면서 그 궁극적인 목표는 인간 삶의 구복에 있음을 역설했다. 나는 조상신을 연구해 조상신으로 하여금 복을 구하는 데 역할을 해 달라는 주문을 하는 조상신의 대변인이고 조상신의 자손이다.

복은 우리 생활과 밀접하다. 불교에서는 삼재팔고(三災八苦)를 벗어나는 것이 복이라 하였다. 유교에서는 팔복(八福), 즉 수명장수, 부귀영화, 강녕, 덕, 평강안녕 등을 의미했다.

역사적으로 복을 얻기 위해서는 액막이, 나례(儺禮 : 악귀를 쫓는 의식), 부적, 고사, 굿 등을 했었다. 명절마다는 가신(家神)에게 별식을 받쳤고, 조상신이나 삼신, 지신 등에게 고사를 지내고 기복을 주관하는 삼성각, 산신각, 칠성각에 제를 지냈다. 혼인, 장례, 이사 등에는 10간 12지의 운행을 맞춰 날을 잡았고, 사주(四柱)를 통한 궁합이나 길흉의 예언을 하여 여러 제액(除厄)에 유용하였다.

21세기를 살고 있는 현대인들이 아무리 날고뛰어도 삶이란 보이지 않는 어떤 힘에 의해서 움직여지고 끌려지고 있다는 것을 부인할 수가 없다. 행복을 바라는 마음은 이런 여러 가지 형태의 공양이 쌓이고 쌓여 아직도 이렇게 많은 성씨의 후손들이 이 땅을 살아가고 있지 않나 싶다.

현생의 복이 후생까지 이어지고 내 조상님들이 편안하고 그 후손이 편안하고 길이길이 모든 대한민족의 자손들이 잘 먹고 잘 살기를 신령님 전 축원한다.

나·오·며

내가 모르고 선택을 했든 선택을 당했든 나는 이미 신(神)의 세계를 알고 신의 일을 천직으로 하는 운명을 갖은 사람이 되었다.

얼마나 많은 세월 동안 신의 제자들은 사람들이나 사회적 역사적 편견 속에서 신의 세계를 알고 신의 일을 해 준다는 것만으로도 본의 아닌 멸시나 부당한 대접을 받아왔는가? 목사님이 위대해 보이고 스님들이 고상해 보이는 것은 그분들이 모시는 신들이 높으셔서인가? 참된 종교인들은 어떠한 인간도 무시하거나 멸시하지 않는다.

왜 현실에서의 답답함은 점바치나 무속인, 신제자들에게 물어보고 가까이에서 풀이를 하면서 늘 쉬쉬하며 죄의식을 느끼는가? 내게 답답해 문의해 오는 제가집 중의 50% 정도는 불교나 무속신앙을 믿지 않는 천주교나 타 종교의 사람들이 많다. 그만큼 코앞의 삶은 답답하고 궁금하고 속 터지는 일이 더 많은 것이 현실이다. 기독교인들은 현생에서 복을 지으면 천국이 너희 것이며, 불교인들은 현생에서 복록을 지으면 후생에 잘 태어난다는 사후세계론에 집중을 더 하길 바란다.

신의 세계는 수많은 민속학자, 무속학자들이 무당의 입을 빌려 검증도 해 오고 궁금한 부분에 대해서 해석도 해 오곤 했다. 하지만 그분들은 직접 신을 만나본 사람들이 아닌 일반 학자들이다.

접신이 되는 무당들이 신들을 가장 밀접히 만나는 사람들인데도 불구하고 대부분 '어쩌지 못해 이렇게 신의 밥을 먹고살게 됐어요!' 하는 하소연이 담긴 책들만 널린 세상이 되었다. 무당이 된 동기나 무당의 기이하고 무섭기까지 한 체험성 글들은 더 이상 신기할 게 없다.

나는 돌아가신 분들을 수없이 접신해 만난 사람이다. 내가 궁금한 건 그러한 여러 조상들이 원하는 것이 무엇이고, 왜 조상신과 귀신은 내게 와 무엇 때문에 저리도 애달파 하는가이다. 나는 이에 대해 보다 포괄적인 의미의 신의 세계에 대해서 말을 하고자 한다. 나와 인연이 있어서 직접 만날 수 있었던 조상신이나 귀신들을 대면하고 대화하고 느낀 부분만 쓰고, 접신되어 경험한 부분에 대해서만 쓰고자 한다.

인연도 없고 잘 모르는 신들까지 꾸며서 말을 하기에는 너무 내 삶이 짧고 할 일이 많다. 신의 세계 또한 인간세상처럼 복잡다단해 다 알 수는 없어도, 내가 수없이 만나고 검증한 신들은 일맥상통한 부분이 많고 더 순수했다는 것을 꼭 전달하고 싶다.

내 부모나 살지 못하고 꺾여서 떠난 많은 영혼들을 만나다 보면 억울함을 호소한다. 영원히는 못 살아도 적어도 천수 정도는 누리고 살다가 갔으면 하는 바람이 절절하다.

나는 소원한다. 내가 인연이 있어 만난 돌아가신 각 성씨의 이름으로 선행하기를 바란다.

　아직은 살아있는 자손이나 식구들이 장학재단이 됐든, 복지 사업이 됐든, 장애인 사업이나 고아원이나 양로원의 기증이 됐든, 아니면 푼돈의 장학금이 됐든 그 살지 못하고 일찍 이 세상을 떠난 영혼의 이름 석자로 선행해 주기를 바란다. 거창하게 살지도 못하고 평범히 살다가 홀연히 떠나간 수많은 성씨들을 '돌아가신 분'의 이름으로 살아남은 사람들이 대신 선행해 주기를 바란다. 살아생전에 착하게 살다가 가신 분들은 이런 후손의 선행으로 더 복 받게 될 것이며, 악행을 행하다 돌아가신 분들은 이런 후손의 선행으로 악의 고리를 끊고 복을 받게 될 것이다.

　아울러 "알기 쉬운 조상신의 세계" 제2편인 "내가 만난 조상신들"이 조만간 출간될 예정이다. 이 땅을 살아가는 우리에게는 각 성씨(姓氏)가 있고 이름(名)이 있다. 나는 그동안 수많은 성씨의 조상들을 만나왔다. 이에 각 성씨들은 각각의 특징과 통계성이 있다는 것을 밝히고자 한다. 자기 성씨의 본관(本貫)이나 시조(始祖)조차도 모르면서 어떻게 현생의 복록을 조상님들께 구한다는 말인가?

　복은 내 마음이 비어 있고 들어갈 자리가 비어 있을 때만 꽉 채워지는 법이다. 부디 각자의 조상신들을 잘 모시고 예우해 다 같이 복 받고 잘사는 세상이 되기를 신령님 전 축원한다.

정해년 입추지절에
수미원에서　김　문　순